大展好書 好書大展

大展好書 好書大展

趣味心理講座13

血型
與你的一生

淺野八郎／著
詹寶珠／譯

大展出版社有限公司

目錄

第一章　血型與性格判斷

第二章 血型與交際法

●誰和妳最相配……七七

第三章　血型與各職業的人際關係

第四章　對血型性格的煩惱

第一章

血型與性格判斷

了解血型，即能對人們的心理一目瞭然。

血型溯源

不是占術！
AB A B O
雖然如此說，但……
××流血型相命所

目前，血型已被認為是判斷性格的依據，但是，血型與性格的研究至今仍不被認為是正式的學問。雖然大多數的學者認為「血型研究不是占術」，但是仍有許多人把它分為「××式」、「××流」，像占術般的利用。

德國醫學家藍土台納於西元一九〇一年，發現人類血液有三種型態，並且將它公諸於世。一九一一年頓凱倫、海茲菲德二位醫學家，便將血型細分為A、B、O、AB四種。

此後，人類學、遺傳學的學者們，都曾將血型特性加以研究。也自「血型不同，或許導致性格上的不同」這種單純的推想，而發展成目前炙手可熱的血型與性格研究。

法國醫師兼心理學家布爾代勒於一九六〇年時，與心理學家尤金調查、分析二千五百人的血型後，出版了一本「血型與氣質」，成為歐洲最先研究血型與性格關係的學者。

這篇報告發表後，引起了很大的迴響，很多人都以為：「只要了解血型，即能立刻明瞭性格！」後來，布爾代勒的血型判斷逐漸被利用成職業、或在公共場所中所談論的熱門話題。

可惜布爾代勒尚未進一步研究血型與性格的關係，就已逝世了。一九七〇年，發表「了解別人」的心理學叢書中，布爾代勒的血型性格判斷初次被介紹，書中因預言血型今後會成為判斷性格的方法，而受到普遍的重視。於是，在性格測驗中採用血型為依據的學者就愈來愈多了。

心理測驗與血型

心理學家用何種方法來了解性格呢？

了解人類心理的方法很多，測驗法大致可分為：

1、智力測驗型的能力測驗法。

2、人格測驗法。

3、根據精神分析的深層心理測驗法。

1智力測驗或能力測驗，是最早的心理學測驗，一八八三年，哥爾頓首創記憶測驗法；一八九〇年，又創智力檢查法；後來，又由比西創出有名的智力測驗。

2人格測驗法，是為了了解人格特徵所做的一種測驗，這種「人格測驗法」又可分三種形態。一、回答問題、自我評價，稱為「問答紙法」。著名的測驗有，內向——外向的性向檢查及MMPI（明尼蘇達多面人格目錄）潘立達人格測驗等。

二、將無任何含意的圖形給被測驗者看，然後請他寫出答案，這種方式稱為「投映法」。即把某種狀況投映在被測驗者的心中，然後加以判斷的測驗法。著名的投映法是「羅沙測驗法」（Rorschach test）、「桑德測驗法」（Sonde test）。

三、以被測驗者的性格、臉型、字跡、態度等為資料，而判斷的測驗法。對體格與性格做關連性的研究，較有名的學者是克雷斯克與舒爾頓。

3精神分析的深層心理測驗法，是分析少年時代至成年時代的成長過程中，所形成的無意識精神現象。在這方面的代表人物是佛洛伊德。

然而，依據心理學方法分類出的性格，並不能完全合乎於血型、性格分類上，因為二者在本質上即有很大的差異。

血液是身體的一部分，遺傳自父母，一生不變；但是，體格、面相、手相會隨著年齡、環境而改變。所以，想要以心理學的調查分析來證明「血型一定可靠！」或「血型不可靠！」是非常困難的。

‧血型與性格特徵

A型的特徵

＊調和型…調和的性格

據人類學家鄂添貝爾克調查，此種血型以歐洲人為最多，非洲人佔百分之二十四、印度人佔百分之十九。

布爾代勒用音樂用語，把A型稱為「和音型」（調和型性格）。A型的人慎重而細心，對團體的變化很敏感，比較嫌惡急遽的變化。

A型的人重視自己的生活方式，不輕易改變自己的想法，有強烈的自我表現慾，表面看起來非常溫柔、隨和，但實際上卻非常固執。

＊火焰般的氣質

A型具有「火焰般的氣質」

火焰般的A型，熱情且具有將對方捲入自己方式中的強烈慾望。一有不如意，即立刻退閉於自己的象牙塔中。

表面看起來非常有禮貌、溫柔，對長輩、上司也相當順從，但是若說他是由衷的尊敬對方，不如說是為了得到前輩、上司賞識的演技。

A型又可依性格中的開朗性、社交性等分為猛烈型與穩靜型。猛烈型的人寡言、缺少笑容；穩靜型的人，在人前常露出笑容，性格較開朗。

B型的特徵

＊韻律型性格…外向的性格

根據人類學家的調查統計，B型血型以印度、我國東北出現率最高，約佔百分之三十八，歐洲人約佔百分之十二。

布爾代勒將B型稱為「韻律型性格」，這種血型的人具有積

極性、外向、喜歡變化的性格，並且喜歡不斷嚐試新事物，無法容忍生活在呆板的框框裡。

B型的感情表現大膽，不擅於控制感情。性格外向的B型，在團體中相當醒目。

＊在公司能得上司、同事的信賴

因為B型的人禮貌周到，往往給別人成熟穩重的感覺，並且遵守規則，確實完成被委託的工作，以致贏得上司、同事的信賴感。對於這種人，若要求過度或提出太隨便的主張，他就會猛烈反駁。

＊行動後才思考的猛烈型

和這種人相處，會立刻感受到他活潑、強勁的行動力，而且反應也非常敏捷。當別人猶豫不決時，他就會說：「讓我來！」，來替別人下決斷。

這種型態的人不喜歡優柔寡斷，不會靜待一處，而較喜歡到

與「斷掌」的出現率相似。

處活動。

*好勝心、自負心強烈

B型的人具有不服輸的激烈性格，一不如意就表現的非常不快樂。

在團體中喜歡出風頭，為了表現自己而會非常認真。由於很自負，所以一旦受到傷害就會非常憤怒，此外，他不喜歡被人命令，也不喜歡受別人的忠告與指責。

*厭惡不誠實的人，重視對方的內涵

B型的人平時的服裝或言行，大都樸實而不醒目，當別人困苦、煩惱時，他也會親切的伸出援手。極度厭惡巧言令色的人及在上司、長輩前假認真的人。

AB型的特徵

*複雜型性格

四種血型中，以AB型的出現率最低。據調查統計，此種血型以中國人最多，日本人只有百分之九，法國人則佔百分之三。

有趣的是，這種血型與手相的特殊型「斷掌」（手掌上有一條橫切的水平線）的出現率相似，歐洲人很少出現斷掌，而亞洲人、黑人出現的比例較高。

AB型性格較獨特，布爾代勒將它稱為「複雜型性格」。猜疑心重，雖然很守規矩，但決斷力弱，常出現猶豫不決的情形，具A型特徵，也有B型的性格傾向。

這種血型的人也時常無法了解自己的性格，往往情緒不穩，不易把握性格的特徵。但是，在現今科技掛帥的時代中，AB型的人常常都能有傑出的表現。

O型的特徵

＊旋律型性格

O型是僅次於A型的多數血型，據鄂添貝爾克的調查統計，歐洲人佔了百分之三十九～四十，太平洋、美國地區佔百分之六十七之多。

在公司中若是O型的人居多，那麼辦公室的氣氛較有活力、明朗。

O型人多的辦公室，
非常有活力
我也是!!
我也是!
O型

布爾代勒稱O型為「旋律型性格」，這種性格的人有社交性、樂觀、易受周圍的影響，且對流行具有相當敏銳的觸角。O型的人適應力強，具有「小草」的特質，雖在社會中像氣球般搖擺不定，但仍能好好的在社會中生存。

＊輕鬆、開朗，常保微笑的O型

當別人心情鬱悶時，他也會想盡法，使對方心情開朗。因為常保樂觀的心態，所以憂愁極少爬上他的眉頭。性情開朗，交際範圍廣大。

＊以寬容的心與O型的人來往

O型的人情緒時常不穩定，心情好時，待人非常親切；反之，則表現相當倔強、固執，但是脾氣來得快，消失也快，更不會記恨在心裡，所以與這種型態的人交往，應以寬容的心對待。

＊年輕、活潑有魅力，但情緒不定

樸實、年輕、活潑、有魅力；單純、率直、不拘泥於小事且

處事乾脆俐落，是O型的特色。但是，情緒波動激烈，常沒有原由的陷入憂愁狀態中，時而卻又喧鬧不已，也是這種型態的一大特徵。

＊做事積極、工作慾望強

對事情時常只看其光明面，下的判斷也非常樂觀。

即使別人一致認為不可能做到的事，他也會非常有勇氣的積極去嚐試，且全心全力投入工作中，很容易在人群中建立起快樂、認真的形象，而使人樂於與他往來，因此交遊廣濶，容易變成八面玲瓏的人。

＊為了強化自己的形象，時常花費不少精力

O型的人非常重視自己的形象，所以極少花費精力於修身養性方面。

在外出前，不妨對著鏡子微笑，使表情活潑自然；此外，口齒清晰、美化牙齒、說話時多利用肢體語言，如此可提昇自己外

在形象。

＊開朗形象，有時反使自己受損

和別人交往數次後，態度容易變得隨便，若對方性格較拘謹，則會使他對你的印象大打折扣。也因為你的粗枝大葉，無法細察別人的情緒變化，在憂慮愁苦的場合中，唯獨你快樂開朗，常會令別人對你產生不滿。

所以，你最好與大家同苦、同樂，當然，開朗活潑的形象不必改變。

•一種血型，四種型態

有時，我們會發現，同樣血型的人，性格卻完全相異。這是因為，血型只能顯示與生俱有的「氣質」，有的人從未將這種氣質表現在現實生活中；而有的人，卻把這種氣質在生活中表露無遺。

我們將四種血型，又各細分為下列四種型態：

一、「穩靜型」（慎重、消極而內向，血型所具有的特徵沒有表面化，但本質上具有血型性格特徵的型態）。

二、「猛烈型」（有行動力、外向，血型具有的特徵表現強烈的型態）。

三、「中間型」（性格處於內向、外向之間，有時強烈表現血型的特徵，但都適可而止）。

四、「變形型」（獨特的個性，是一種變形的型態）。

測驗

您是屬於何種型態呢？請回答下列問題：

測驗1：

到百貨公司購物時，曾經猶豫不決而空手而返嗎？

A　曾經。

B　不曾。

C　不知道。

測驗2：

搭火車時，曾經和鄰座的人說話嗎？

A　曾經。

B　不曾。

C　不知道。

測驗3：

在公共廁所內，不小心把千元鈔票掉落在便器中，你會——

A 不撿。
B 撿。
C 不知道。

測驗4：

到公車招呼站時，一輛公車剛好要開動，你會——

A 等下一班。
B 大聲請司機等一下。
C 到時候才知道。

測驗5：

外出時，你是否會擔心家裡的開關忘了關！

A　會。

B　不會。

C　不知道。

測驗6：

連續撥二次電話，對方電話一直在佔線中，你是否會再撥第三次？

A　會。

B　不會。

C　視心情而定。

測驗7：

帶洋酒到長輩家拜訪，開門時，不慎掉到地上，你會——

A 帶回家，確認有無破裂。
B 撿起來後，立刻給對方。
C 到時候才知道。

測驗8：

與朋友約會時，等了二十分鐘，對方還沒來，你會——

A 再等一會兒。
B 回家。
C 視當時心情而定。

測驗9：

剛要上廁所時，正好電話鈴響，你會——

A 邊速接聽電話。
B 先上廁所再說。

C　到時候才知道。

測驗10：

氣象報告說今天有雨，但早晨天氣晴朗，外出時，你是否會帶傘呢？

A　會。

B　不會。

C　不理它，因為氣象報告不可靠。

測驗11：

在路邊看到一隻飢餓的小狗在呻吟，你會——

A　將牠帶回家。

B　拿食物給牠吃。

C　不理牠。

	績分表												合計合格分
問	1	2	3	4	5	6	7	8	9	10	11	12	
A	1	1	1	1	1	5	1	3	5	1	3	5	
B	5	5	5	5	5	1	3	5	3	3	1	3	
C	3	3	3	3	3	3	5	1	1	5	5	1	

測驗12：

看到上圖，你聯想到什麼？

A 小狗真可愛。

B 狗是聰明的動物，受人喜愛是理所當然的。

C 牠們為什麼會被遺棄在這裡呢？

分類

・12分—23分（穩靜型）

・24分—35分（中間型）

・36分—47分（猛烈型）

・48分—60分（變形型）

測驗結果分析

A型　穩靜型

・慎重、考慮周詳且能為團體貢獻心力

做任何事之前，必先仔細考慮，即使自己非常感興趣的事情，也會先考慮周遭情況，而抑制自己的慾望。

謙虛的態度，時常贏得別人的好感，但是，有時太過於慎重而缺少行動力，以致於錯失許多的好機會。

能為家庭或團體犧牲奉獻。不盲目的追求流行，在自己的經濟範圍內，享受生活的樂趣。

A型　猛烈型

・對自己或別人要求嚴格，女性則能成為賢妻良母

言行、想法均中規中矩，拘謹且不擅於交際。有時太過於考慮周圍的因素，而無法突破現狀。

能為所愛的人，奉獻所有心力，腳踏實地朝自己的理想邁進。

在金錢方面，謹慎、不浪費且有良好的儲蓄習慣。

A型　中間型

‧心思細密，融合性強，非常憧憬浪漫的愛情

你具有女性的溫柔與感性，心思細密、敏感且容易傷感，常能感受到別人微妙的情緒變化。

非常厭惡與人起爭執，所以為了避免陷入惡劣的氣氛中，而使別人以為你是個專做表面功夫的人。

你喜歡鬧中求靜，不喜歡獨處一室。非常渴望被溫柔的愛情滋潤。

A型　變形型

・外表柔順，本質剛強

你對自己的才能非常自負，希望得到別人的讚賞。

外表看起來很柔順，實質上卻非常剛強。雖滿懷熱情、行動力及感性，但一直苦無機會表現，所以常常顯得急躁不安。若遇到挫敗容易失去自信。

B型　穩靜型

・富有豐富的常識，受人信賴，天生的領導者

穩重、適應力強、情緒穩定、勤勉、意志力強、富有豐富的常識、做事總是不慌不忙而受人信賴，是天生的領導者，也是真正的社交家，女性則能成為賢妻良母。但是，有時想法太過於僵化。

B型　猛烈型

・崇尚自由，社交性強，富有行動力

好靜但不喜歡孤獨的你，時常參加團體活動，因為天生艮好的社交性，而使你結交很多新朋友。

但是，不了解你的人，時常會在背後批評你是個輕浮的人。雖然如此，由於你的樂觀，這點小批評是不會帶給你任何煩惱，這也就是你最大的魅力所在。

你討厭一成不變的生活方式，更厭惡被別人命令，崇尚自由自在的生活。

B型　中間型

・心思細密、情緒起伏激烈

由於情緒變化大，容易被情緒所支配·，容易鬱悶、煩惱，而時

常陷於焦躁不安中；心情好時，比任何人都快樂；但是，一旦遭受打擊或不如意時，比任何人都氣餒、消極。追求時髦、對於流行從不落人後。

你是位羅曼蒂克的夢想家，夢想白馬王子的出現，期待熱戀的來臨，但是，你容易喜新厭舊，而終日追逐新伴侶。

B型　變形型

・具有現代性，喜歡變化

這是時常夢想新事物來臨的現代性型態。

對流行敏感而感性、有才能、有個性、無法忍受單調乏味的生活方式，時常期待意外事件的發生，為生活帶來新鮮感。

非常喜歡到處旅行、結交新朋友。但是，對人的喜惡，表現的相當明顯，即使是最親密的朋友，假使由於小小的原因發生衝突時，你也無法容忍。

在金錢方面，時常夢想變成暴發戶。

AB型　穩靜型

・外表冷淡，實際上是滿懷熱情

表面看起來很冷漠、強硬，其實是非常溫柔、心思細密的人。絕不輕易顯露真正的自己。態度強硬、口氣堅決，其實是想要掩飾自己脆弱的一面。

對流行非常敏感，喜歡華美醒目的禮服，及有個性的服飾，有錢時就盡量的揮霍，毫不吝嗇。

由於親切溫柔、做事周詳，對晚輩也相當的照顧，所以很受人信賴。

AB型　猛烈型

・能以自己的方式來穩固愛情，但欠缺耐性

慎重、不喜歡偏激、輕薄的舉動，是個腳踏實地的人。也是個不喜歡冒險、神經質、勤勉、樸實的人，在任何環境下，都不會改變自己的原則。

你能夠以自己的方式來穩固愛情，但是，由於缺乏耐心與積極性，時常會有單相思而失戀的情形發生。

適應力強，和各種類型的異性，都能好好相處。自己想做的事情，也會為了尊重別人的想法，而中途停止。由於辛勞過度，往往會事半功倍。

AB型　中間型

・理智、文靜、氣質優雅，但缺乏積極性

文靜、守本分、謙虛、理智，即使在混亂的狀況下，也能把持自己的立場。具有冷靜處理事情的能力。對於別人的請託也來者不拒，因而得到別人的好感與信任。

由於生性保守，不太容易結交新朋友，是個注重精神勝於物質的型態。

AB型　變形型

•有鬥志，能與人和平共處的樂天派

充滿鬥志，不喜歡孤獨，對於團體的活動相當踴躍，只要你認為是好的事情，一定會盡力實行。並能以平等的胸襟與人交往，樂天且有高度的適應性，時常面帶微笑，在團體中，能使氣氛愉悅。

喜歡旅行、運動及聊天的你，對服裝的鑑賞力特別的優秀，並且常能得到異性的好評。

O型　穩靜型

•年輕、活潑、有魅力，是個浪漫主義者

純樸、年輕、活潑、有魅力，天真、率直、不拘泥於小事上，

任何人都能與他來往

具有明朗、濶達的男子作風。

情緒變化激烈時而呱噪不已;時而陷入憂鬱的愁雲中。

愛幻想，憧憬美麗的事物，是個十足的浪漫主義者。

只要看上的東西，即毫不猶豫的買下來，因而時常經濟拮据，但是你也不會因此而感到苦惱。

O型　猛烈型

・誠實的表達內心情感，具有適應性

理解力強，敬業，能很快的融入新環境中，自己打開枷鎖，具有高度的適應性。

你容易生氣、流淚，率直的表現內心情感，不拘泥於形式，做事積極。

能率直、積極的向對方表示愛意，但有時太過於主動，而帶給對方困擾，並且不知不覺中強制別人接受你的想法。

O型　中間型

•性情敦厚、博愛、愛管閒事

你是典型的O型性格，凡是自認為正確的，不論反對聲浪多激烈，也會大膽的實行。充滿活力、喜歡團體行動，受人信賴，所以絕不會拒絕別人的請託。這類型的人有點愛管閒事，但做人、做事都非常圓滑，喜歡熱鬧、唱歌，也很照顧晚輩。

是個溫和博愛主義者，不樹立敵人，非常擔心被別人嫌惡，由於這種性格，常處於單相思的情況中，或是被人橫刀奪愛。

O型

變形型

·辦事能力強，但易受別人的影響

你多才多藝，並且很有潛力，無論在學校或家中，都很受人重視、被信賴。

但是，容易被別人的意見所影響，出爾反爾，一不如意，即顯的焦躁不安。

●改變性格缺點的對策

A型　穩靜型

1　應培養勇往直前、不怕失敗的勇氣。

2　不要太過於信賴自己的第六感，對於別人的意見，不可照單全收，應努力使別人了解自己的想法。

3　以客觀的角度分析、觀察事理。

4　培養隨機應變、濶達的人生觀，並適當的與他人妥協。

A型　猛烈型

1　不可只侷限在現實中，也要多關心新的事物。

不受感情的左右。

2 要有壓制反對聲浪的自主性。

3 訓練分析、批判事物的能力，及拒絕的勇氣。

4 不被感情左右，保持客觀及適時改變想法。

A型　中間型

1 擴展視野，事前不必顧慮太多。

2 積極吸取新觀念，並多利用過去的經驗。

3 不可太拘泥於過去。

4 訓練理論性的看法與批判。

A型　變形型

1 即使厭惡的事情，也要積極努力去克服。

2 盡量以客觀的態度分析事情。

3 隨時留心日常小節，或簡單的事情。

4 不可獨斷獨行，隨時注意別人的想法，及周遭情況。

B型 穩靜型

1 應放開心胸，接納別人的意見。
2 對於不合常理的事情，有時要在大處著眼，予以寬容。
3 培養隨機應變的能力。
4 要有與他人同甘共苦的胸襟。

B型 猛烈型

1 不可只考慮眼前的利益，應要有長遠的計畫。
2 不可強迫別人接受自己的想法。
3 應要有接納不同意見的包容性。
4 虛心接受新觀念與新思想。

B型　中間型

1 吸取新觀念與新思想，並盡力實行。
2 要把握問題的本質，不可太拘泥於形式。
3 培養接受不同意見、做法的通融性。
4 明確表露自己的想法與感受。

B型　變形型

1 多去了解別人的心情，要有適時中止或變更計畫的適應力。
2 應以謙虛的態度，聽取他人的意見。
3 多聽沈默之聲。
4 不可獨斷獨行。

AB型　穩靜型

1 避免為理論而理論，為計畫而計畫。
2 盡量使對方了解自己，也令自己了解對方。
3 做事要小心謹慎，不可粗心大意。
4 以樸實的態度，與他人往來。

AB型 猛烈型

1 洞察事物的本質，並予以尊重。
2 應站在不同的角度看事情。
3 徹底、確實的完成一件事情。
4 不可只是一味的注重實用的事物，也要適時的進入幻想世界裡。

AB型 中間型

1 凡事應採取積極的態度。

2 多利用肢體語言。
3 不要太拘泥於瑣碎小節上。
4 應率直表現自己。

AB型　變形型

1 凡事都要耐心的完成。
2 應謙虛接受別人的意見，並努力了解旁人的感受。
3 不可只坐而言，必須貫徹實行。
4 盡量設身處地的為別人想。

O型　穩靜型

1 不可忽略了事情的客觀性。
2 培養理論性的思考方式。
3 自認為正確的事情，即使和旁人發生摩擦，也要徹底實行。

4 率直地表現自己的想法。

O型　猛烈型

1 培養穩重的氣質。
2 確立方針後，即使與對方對立，也不可讓步。
3 應循序漸進完成工作。
4 向目標堅定的前進。

O型　中間型

1 和別人協調固然重要，但不可因此而迷失了自我。
2 不可被眼前的利益所迷惑。

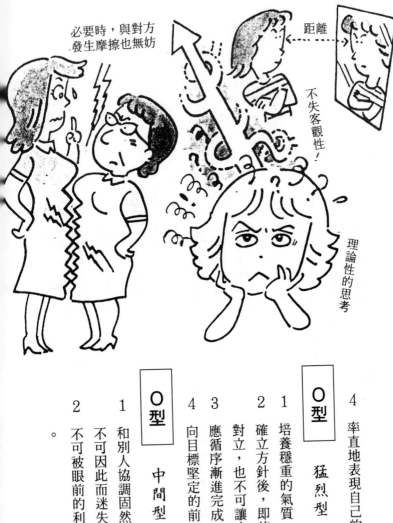

不可被眼前的利益所迷惑

3 應培養決斷力。

4 應對自己的看法有信心，並堅定實行。

O型　變形型

1 耐心完成一件事。

2 應由現實的角度，檢討自己的計畫案。

3 循序漸進完成工作。

4 以冷靜的態度分析事理。

●心理測驗

A型 測驗

你和另一半到（上圖）遊樂區郊遊，途中，因划船擔誤了太久時間，所以只能再玩一個地方，不然即搭不上回程的火車。這時你會選擇——

① 纜車
② 眺望台
③ 古堡
④ 白樺樹林

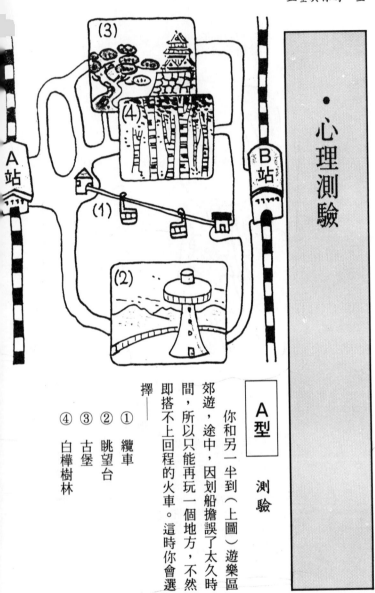

分析：

選擇答案①——具有行動力，不能忍受生活在固定的模式中，樂觀爽朗乾脆，是不像A型性格的型態。

理想的對象是，有冒險心的B型。

選擇答案②——適應力強，有旺盛的好奇心，有時行動大膽；有時卻非常溫順。

擅於交際並且合群的你，A型與AB型常常能引起你的注意，和你成為最佳拍擋。

選擇答案③——文靜，時常有與別人談心的強烈慾望，是典型的A型性格，是值得信賴的好人。

喜歡思考並且消極，當你喜歡上這個人時，即完全依賴對方，理想的對象是，適應力強的A型。

選擇答案④——時常鬱悶、煩惱，一旦遇到不如意，即容易想不開。

活潑、開朗的O型，是你理想的對象。

B型　測驗

一對情侶騎協力車郊遊（上圖），你認為男孩子回頭向女孩子說了什麼？

①「再用力踩啊！」

②「不要東張西望，很危險的！」

③「累了吧？休息一下，OK？」

④「兩人一起騎協力車，好快樂哦！」

分析：

選擇答案①——你是典型的B型，具有冒險心與行動力，一成不變的生活，容易使你焦躁不安，因此一有不如意或不滿，即大動肝火。

你時常傾心於富有行動力的B型異性。

選擇答案②——固執、強迫別人接受自己的想法、一有不如意的事，即不能壓制自己的情緒。

在各方面備受尊敬的AB型最容易吸引你。

選擇答案③——凡事為對方設身處地、溫柔、能抑制自己的慾望，具有與他人和平相處的融合性。

你時常被溫柔的A型、或穩重內斂的AB型異性所吸引。

選擇答案④——具有強烈慾望、非常憧憬浪漫的戀情，渴望別人溫柔的對待她，這種型態的人，與愛幻想、浪漫主義者的AB型異性相當投緣。

AB型

測驗

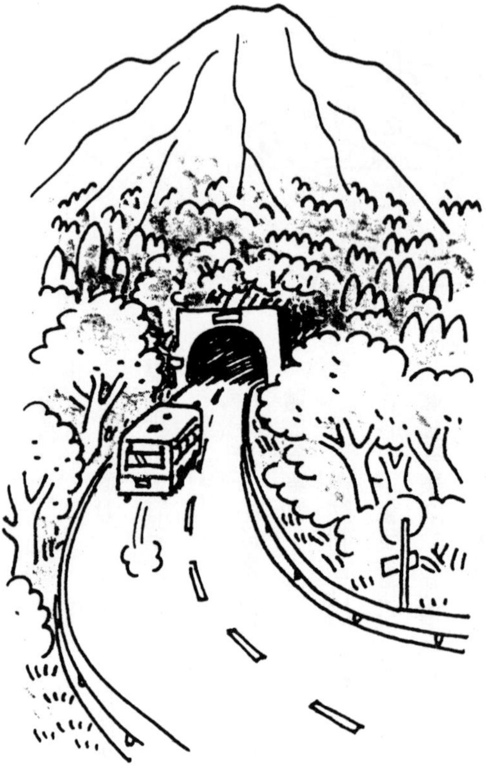

遊覽車將入隧道（上圖），妳猜想隧道的另一端，會出現何種景況？

① 海
② 湖泊
③ 雪景
④ 仍是在山裡

分析：

選擇答案①——不喜歡做不平常的事情，協調性高，和任何人都能適當的往來。

勤苦、樸實、家庭觀念重的A型異性，最適合你，並且二人結婚生子後，心靈更能契合。

選擇答案②——自我中心強、內向、理智，具有多方面的興趣，時常能冷靜的思考，且有研究心。所以，和你氣味相投的AB型，是你理想的伴侶。

選擇答案③——有個性、腳踏實地的實現自己的理想、具有強韌的耐性，不喜歡被侷限在固定的模式中，堅持實現自己的理想與夢，是個典型的AB型性格。

B型的異性，往往使你動心。妳時常渴望有個刺激的戀情發生。

選擇答案④——經常沒有理由的陷入焦躁不安的狀態中，反抗心強，對人的喜惡，明顯表露於外，有時也不甚明瞭，自己想要什麼。所以，與穩靜的A型異性交往，才能使你情緒穩定。

O型

測驗

綠燈亮起，A君正想穿越馬路時，正好看到久未謀面的B小姐迎面而來，你猜想A君會以何種方式打招呼呢？

① 大聲喊：「B小姐……。」
② 馬上跑到B小姐前，令她停在原地。
③ 越過馬路時，兩人在相遇的地方打聲招呼。
④ 等B小姐走過來。

分析：

選擇答案①——率直，是屬於能和別人打成一片的外向型，且自我觀念強烈。

常對A型的異性一見鍾情，但是若太過急躁，則會變成單相思。特別要培養冷靜的心。

選擇答案②——重視義理人情，對別人的困苦不能袖手旁觀，喜歡吃東西和與人閒聊，是典型的O型。

O型是你最佳對象，雖然你們時常會發生爭執，但事後，二人反而會變得更親密。

選擇答案③——能適當的表現自己，協調性高，凡事順乎自然，注重自己的生活方式。A型的異性是你理想的對象。

選擇答案④——自我中心、任性、乖僻，有時表現出的行為，完全和O型性格背道而馳。容易對B型的男性一見鍾情，你的理想

對象是，B型異性。

第二章

血型與交際法

從血型特性中，了解巧妙的交際方法

●各種血型的交際法

不同的血型，交際方法也各具特色：

A型　謹慎，雖然受人喜愛，但是卻有孤立的傾向

樸實、勤苦、做事認真，所以受人信賴；常為旁人設想，因此備受喜愛；因為凡事顧慮太多，時常陷入孤立狀態中。

內向的你，因時常得不到別人的了解，所以即使你已全力以赴，但在別人眼中，你仍是非常懈怠的。

因此，你應該時常面帶笑容，及懷著寬大的心與人來往。

B型　應多與自己不喜歡的人協調

有時候也要……

對投緣的人，則能立刻坦誠對待，但對討厭的人，則態度惡劣，不怕生，且有與人來往的積極性與社交性，應以坦率的態度與長輩接觸，並且多與自己討厭的人協調，尤其是A型性格的人。

AB型　應放開心胸、溫柔的與人接觸

對複雜的人際關係，能應付自如，並且具有強韌的忍耐力，能很快的了解對方的想法，不做被人嫌惡的舉動，也能巧妙的說：「不！」而不使對方發怒。但是，你應盡量放開心胸，表露自己的想法，多表現你溫柔的一面，以提昇你的人際關係。

O型　常保持笑容的樂天派，但在表現自己想法時，應明確

常面帶笑容，愛撒嬌，做人、做事都很圓滑，犯了小過錯也能得到別人的原諒。由於不會拒絕別人的請託，所以常常自討苦吃，太依賴別人、喜歡得到別人的寵信，也是你的缺點。

●血型與親子關係

不同血型的母親，教育孩子的方法有顯著的不同，同時對孩子的期望也各不相同。

A型母親　嚴母型的媽媽

不容許孩子任性、自由，有時會強制孩子接受自己的想法。生性保守，為了想使孩子定型，而時常焦躁不安。

太過於重視別人的風評，總喜歡將孩子與別人的孩子相比較，教育孩子的方法漸趨嚴格。

B型母親　能接受新觀念的媽媽

有好奇心、有能迅速吸收新知識、新教育方法的行動力。但是，沒耐性、不太重視孩子的想法、時常以自我為中心，這類型的母親，有旺盛的研究心，也能時常和孩子一起吸收新的知識。

AB型母親　能客觀地觀察孩子才能的現代型媽媽

具有敏銳的頭腦，對於孩子的問題，能從各個角度仔細思考，因此，有時會對自己的想法失去信心。尤其當孩子遇到挫敗時，她比其他類型的母更容易失去信心、更容易受到衝擊。

AB型的母親，對自己的子女相當了解，並且也能客觀地觀察孩子的才能，是屬於現代型的媽媽。

O型母親　常以孩子的立場來思考、樂觀且受孩子的信賴

適應力強，時常以孩子的立場來思考、受孩子的信賴，是孩子眼中最典型的慈母。但是，因凡事顧慮太多，而時常躊躇不前；重視母子之間的聯繫，樂觀，是個對明天充滿希望的快樂媽媽。

●血型與兄弟姊妹的關係

相同的血型，在家中不同的排行，性格也有著顯著的差異。

〈家中排行老大時〉

A型——敦厚、氣質優雅

穩重、優雅；但是有時太過消極、保守、缺乏行動力。對待弟妹非常溫柔、親切。

B型——勤勉、認真，偶爾會欺負弟妹

勤勉、並且不服輸，對各種事物都具有好奇心，無法忍受整天待在家裡。有時會欺負弟妹，而使父母煩惱。

AB型——內向、不服輸

敦厚、內向，容易隱閉在自己的象牙塔中，不善交際，時常獨自沈溺於書本或電視中，具有不服輸的性格，是個熱心向學的聰明孩子。

O型——開朗、喜歡行俠仗義

爽朗，喜歡說話及熱鬧的場面，時常帶朋友到家裡玩，具有領導能力、時常幫助別人，尤其喜歡參加童軍活動。

〈家中排行中間或老么〉

A型——易受環境的影響，屬於大器晚成型

容易受到環境的影響，而有點神經質，一旦被師長稱讚，則會立刻奮發向上，屬於大器晚成型。

B型——擅於察顏觀色，但注意力渙散

好動，時常到處惹麻煩，而使父母感到困擾，也時常和兄弟姊妹吵架，而使家裡變得異常熱鬧，具有追根究柢的精神，但是注意力較渙散。

AB型——性格捉摸不定、獨立

這種類型的孩子，性格不定，時常帶給父母教養上的困擾，有時非常溫順；有時卻非常固執，是個獨立的孩子。

O型——多話、喜歡受人注目

多話、喜歡熱鬧的性格，常常受大家的疼愛，同時也喜歡在衆人前表現，受到別人的注意，能和兄弟姊妹們和平共處，時常和母親形影不離。

·不同血型的女性與男性的交際法

A型男性

穩重、可靠，內心想法不流露於外

〈性格〉穩重、有克制力、適應力強、協調性高、不拘泥於小節。

在金錢方面，也不浪費、不隨便請客，並且有良好的儲蓄習慣，時常被認爲是個小氣鬼。

〈攻擊法〉這種類型的男性，因害怕被別人拒絕，所以不易表露真心，因此，應以輕鬆、愉悅的態度接近他，剛開始時，不可將二人的來往太公開化，以避免他畏怯不前。

〈妳與他的投緣性〉——

A型的妳：應與他坦誠相向，慢慢從友情進展到愛情

成為最佳拍檔的成功率為75%。你們均是屬於穩重、可靠的A型，所以不太可能有非常羅曼蒂克的戀情，必須要經過長時間的交往，才能彼此啟開心扉，接納對方。

B型的妳：這類型的男性，不易成為妳戀愛的對象

成為最佳拍擋的成功率為50%。妳富有行動力與積極性，並且擅於交際，A型的他，容易把妳當成姊姊般依賴妳，因此，妳常常會對A型的他產生不滿，所以你們若成為情侶，可能時常會有摩擦產生。

AB型的妳：不妨與他多談心事，讓他安心

成為最佳拍檔的成功率為65%。內柔外剛的妳，往往會被親切、溫柔、有責任心的A型男性所吸引。但是穩重的他對善變的妳時常捉摸不定，而顯的焦躁不安，所以，妳不妨常與他談心事，讓他了解妳的想法，你們的感情必會蒸蒸日上。

O型的妳：應溫柔、忍讓、尊重他

成為最佳拍檔的成功率為80％。O型的妳，雖然能尊重對方，且具有高度的協調性，但是，時常無法將內心的想法明確的表現出來。

當他情緒陷入低潮時，應該溫柔地鼓勵他，如此，你們才會更加親密。

B型男性

充滿行動力的理想主義者

〈性格〉有個性、有行動力、精力充沛的B型男性，只要自認為正確的事情，即使遭到強烈的反對，也會奮不顧身的完成它。B型牡羊座的人，感受性敏銳，多爲理想主義者。

〈攻擊法〉妳應該積極、主動的接近他。或許他原先並不在意妳，但是，總有一天，他必會被妳的熱情與魅力所吸引。

〈妳與他的投緣性〉——

A型的妳：雖然互相吸引，但有時因他遲鈍、懶散的行為，，顯得焦躁不安

成為最佳拍檔的成功率為60％。妳被B型男性的男子氣概所吸引，他也被妳的女性溫柔所打動。但是，B型男性自我中心強、遲鈍、懶散，因此，你們有時會有吵架的情形發生。

B型的妳：若彼此情投意合，愛苗即迅速燃燒

成為最佳拍檔的成功率為75％。兩人都想使對方順從自己的想法，起初困難重重，但是一旦步調一致，即能急速燃起愛苗，而且二人之間的障礙愈大，取得調和後，愈能強固的結合。

AB型的妳：能彼此尊敬，但是

不可太束縛他

成為最佳拍檔的成功率為90％。愛幻想、浪漫的妳，與事理分明、現實主義的B型男性是最理想的配對，你們彼此尊敬對方獨特的個性，並且能吸取對方的長處，補足自己的缺點。但是，若AB型的妳，過於束縛他的行動，也會導致感情破裂。

O型的妳：要抱持忍讓的心與他交往

成為最佳拍檔的成功率為75％B型男性的積極行動力、幽默、活潑的性格，時常令O型的妳心動；而妳的爽朗、積極也能引起他的注意，能成為理想的一對。只是，你們互相不讓步的強烈性格，阻礙了感情的上昇，所以，應懷有一顆彼此容忍的心，才能成為最佳拍檔。

AB型男性

性格極端，性情捉摸不定

〈性格〉有時神經質，有時行為大膽；有時親切、溫柔、有時又異常冷漠，忽冷忽熱的極端性格，令人捉摸不定。凡事面面顧慮周全，無法與別人一見如故的暢所欲言。

＜攻擊法＞這種類型的男性，雖然心裡深愛著對方，也不會表露出來，所以，若妳喜歡他，即應立刻採取行動，向他表明愛意。

＜妳與他的投緣性＞——

A型的妳：因為妳時常緊閉心扉，二人感情不易進展

成為最佳拍檔的成功率為40％。妳容易被積極、充滿自信的AB型男性所吸引，但是，因為妳遲遲不啓開心扉，而使兩人的感情陷入膠著狀態中。

B型的妳：雖然彼此尊重，但他過於慎重的態度，而時常令妳焦躁不安

成為最佳拍檔的成功率為80％。B型的妳，崇尚自由，態度總是不慌不忙；AB型的他，凡事考慮周詳、非常慎重，你們能相互欣賞、彼此尊重對方的特性，但是，他不明確的態度，時常會令妳焦

躁不安。

AB型的妳：應心平氣和的解決問題

成為最佳拍檔的成功率為70％。AB型的人感情起伏激烈，心情好時，二人感情即能一帆風順；但若有了小摩擦，即會一發不可收拾，所以，兩人應心平氣和的解決問題，懷著「己所不欲，勿施予人」的心情互相交往。

O型的妳：妳是他眼中的大姊姊

成為最佳拍檔的成功率為50％。固執的妳，不容易信賴沒耐心、容易厭倦的AB型男性，但妳卻是他眼中，可靠、能幹的大姊姊，所以，只要妳充分發揮領導能力，就能使你們的感情直線上升。

O型男性

溫柔、多情，時常被細心、體貼的女孩子吸引

＜性格＞多情、喜歡變化多端的生活，見別人有困難，即不忍袖手旁觀的予以幫助，是個情感豐富的浪漫主義者，有優秀的領導能力、性格開朗，偶爾會無原由的陷入孤獨、憂鬱中。

〈攻擊法〉只要時常對他溫柔、體貼，做事細心、周詳，並且靜心聽他說話，獵取他的心，就如囊中取物般容易。

〈妳與他的投緣性〉

A型的妳：你們能成為夫唱婦隨的理想一對

成為最佳拍檔的成功率為95％。O型的他欣賞妳肯犧牲奉獻的性格，而妳也被他的溫柔、開朗、積極行動力所吸引，你們能像水乳交融般緊密貼合，成為夫唱婦隨的理想一對。

B型的妳：如果妳處處尊重他，即能成為最佳拍檔

成為最佳拍檔的成功率為60％。坦率的B型，與乾脆、開朗的O型，最能無偽、快樂的交往，但是，若B型的行動力與O型的實行力，一旦無法配合時，則會演變成爭奪領導權的局面。所以，如果妳能尊重他，即能成為理想的一對。

AB型的妳：以理智的態度與他交往

成為最佳拍檔的成功率為60%。愈對O型男性溫柔，他愈會心存感激。若對方有了過錯，不可太苛責他，也不可不斷地向他發牢騷。

O型的妳：處處讓他一步、尊重他，即是理想的一對

成為最佳拍檔的成功率為65%。若要與他成為戀人，妳就必須採取低姿態與他交往。

若為了爭奪主導權而彼此衝突，則會使你們的感情觸礁。

●誰和妳最相配

A型——穩靜型

缺乏決斷力，但能了解妳的知性派

他因太在意別人的想法，所以時常吃虧；缺乏決斷力，不擅於與女孩子交往。但是，能虛心接受別人的意見，且能了解妳，這種人最適合做妳的伴侶。

A型——猛烈型

表面剛強，內心溫柔體貼的型態

內柔外剛的男孩子，和妳最相配。

他不積極，但是能幹、可靠，時常為了掩飾內心的真意，而表現的非常強硬，喜歡團體行動，同性朋友相當多，是個不易獨佔的

男孩子。

A型——中間型　溫柔、內向的女權主義者

細心、成績優秀、不喜歡運動，並能仔細觀察別人的行動，上課中能明確的提出自己的意見，而得到老師的讚賞，凡事都能聽從妳，推崇女權至上的男孩子最適合妳。

A型——變形型　具有男子氣概、正義的男性

憂鬱、寡言的男孩子，和妳最相配。這種型態的男孩子，不計較外面對他的閒言閒語，平時不太引人注意，但有時會有令人側目的傑出表現，具有鋤強扶弱的正義性格。

B型——穩靜型　能與妳成為好朋友的男性

爽朗、有幽默感、臉形圓圓胖胖的男孩子，和妳最相配，起初不會被他吸引，但在長久來往中，妳會不知不覺中被他吸引，二人

交往愈久，感情愈強固。

B型——猛烈型　積極進取、且有挑戰精神的男性

富有行動力、肯冒險、求刺激、喜變化，並能不斷向新事物挑戰的男孩子，最能吸引妳。

B型——中間型　寡言、年齡大妳五歲以上的男性

細心、寡言，性情敦厚的男孩子最適宜妳，二人年齡若相差五歲以上，是最適合的。

B型——變形型　不論外表、性格都和自己相似的男性

具有與妳共同的興趣，能與妳互相學習的男孩子，最適合妳。年齡與妳愈接近愈好，體格、外形與妳愈相像愈好。

AB型——穩靜型　率直、能指導妳的男性

不拘泥於小事、率直，年齡、外表和妳相仿，且有圓圓胖胖的臉，並能指導妳的人，和妳最相配。

AB型——猛烈型　謙虛、認真、瘦高年長的男性

不多言，謙虛、認真的男性，對妳最適合。尤其是比妳年長，且具有藝術氣質的瘦高型男孩子。

AB型——中間型　能幹、人高馬大的男性

能幹、豪爽、具有幽默感、喜歡運動、富有同情心的男孩子，與妳最適合，特別是體格壯碩屬於這類型男孩子，最能吸引妳。

AB型——變形型　溫柔、可靠，具有領導能力的男性

適應力強、富有同情心，如兄長般可靠的男孩子，和妳特別相配。尤其在班上扮演領導者的人物，和妳最合適。

O型——穩靜型　敦厚、認真的男性

和妳一樣性情敦厚、認真的男孩子，與妳最相配。能細心、溫柔的對待妳，交往時間愈長，彼此愈能融合。

O型——猛烈型　時常突發異想，有個性的男性

時常突發異想，具有其他男孩子所沒有的感性，起初讓人有不可親近的感覺，但是一旦喜歡上他，即有不讓妳逃離的魅力。

O型——中間型　認真、敦厚的男性

性情厚實、勤勉、認真用功、有耐心的獨子，最適合妳。這類型的男孩子，細心、溫柔，妳常在無意中被他所吸引。

O型——變形型　運動家型的爽朗男性

這類型的男孩子，常是班上的活躍人物，喜歡運動，也很受其他女孩子的歡迎。你們是能彼此勉勵用功，一起運動的理想配對。

●各種血型的成功職業選擇法

A型——穩靜型　適合能發揮藝術才能的事業

單調、乏味的工作，容易使妳焦躁不安，妳具有獨特的美感與創意，適合從事能滿足妳夢想，或浪漫主義的職業。

A型——猛烈型　適合教師、醫生、宗教家等公職

樂於助人、能克制自己慾望的妳，適合成為宗教家、哲學家、醫生、護士、慈善家等。謙虛、且喜歡在衆人前表現的妳，也適合做個演說家、演藝人員、政治家等。

妳不擅於細密的計算與繁忙的應酬，所以不適合從事商業、廣

告業、會計等工作。

若成為企業家，必定是個循規蹈矩、公平、信實，對屬下寬大為懷的上司，但應充分發揮領導能力。

A型——中間型　肯犧牲奉獻，適合在集團中工作

妳時常以助人、奉獻自己為樂，並且都能和任何人和平相處，見到別人有困難，即不能置之不理，是個富有同情心的人。

妳時常不顧自己的利益，而為對方設想。妳適合從事經紀人、心理醫師、導遊、老師、服裝設計師或慈善事業等，人際關係較密切的職業。

A型——變形型　適合需要特殊技能或資格的特殊職業

妳對自己的工作能力，具有十足的自信心，喜歡接受定期訓練或研究，才能獲得的專門職業。例如，翻譯家、作家、記者、髮型設計師、占術師、電腦程式設計師，及體操、瑜伽老師等。

B型——穩靜型　適合需要機智與外交手腕的工作

妳具有很強的實踐力，適合做個心理學家、護士、秘書、社會工作者等。

若做個普通的職員，能成為可靠信實的人，工作有效率，因為妳不會巴結上司，所以升遷機會少。

若妳成為企業家或管理者，也由於性格所致，成為不喜歡強迫屬下的上司，因此，常會被人利用此弱點，而對怠慢的員工束手無策，所以，妳應培養毅然下決斷的勇氣。

B型——猛烈型　適合科學方面的職業

不論從事何種職業，都喜歡表現自己的想法，適合做個管理者或經營者。例如，想要成為作家，不如當個編輯；想要做個演員，不如成為製片或導演更為適宜。

當個製片，比做個演員適合

妳具有敏銳的頭腦，與獨特的創意，最適宜從事科學方面的工作，特別是研究員、發明家、技師等。

由於妳具有決斷力、野心、精力充沛，在各行各業中都非常受歡迎，平時認真、誠實、可靠，但因不太會和別人交際，時常自以為是，所以容易樹立敵人。

B型——中間型　適合演藝、藝術、傳播媒體等職業

具有豐富的創造力，及想像力，適合從事設計、演藝、作家、攝影等工作，尤其是從事傳播業、出版業，最能把這種特殊的天賦充分發揮。

若成為經營者或管理者，必定是個受屬下尊敬的上司，具有開朗的性格、豐富的才能與機智，是個有能力的主管級人物，且也是個社交家，雖然平時開銷大，但也有能賺大錢的本事。

B型——變形型　誠實、認真，適合做個公司職員

適合需要集中注意力、細心的工作，如技師、設計師、會計師、化學家、數學家、藥劑師等，由於誠實、公正的性格，也適合從事於法律工作。

妳正直、足以信賴、不怕勞苦，適合做個堅守崗位的公司職員，不論妳喜不喜歡的工作，只要上司交待下來，妳都會認真、盡職的完成它。

若成為一名經營者，妳必定也會要求屬下像妳一樣盡忠職守，即使小過錯也毫不寬容，對屬下也賞罰分明。

AB型——穩靜型　適合勤苦、確實的工作

循規蹈矩、頭腦靈敏的妳，具有理論性與直覺性的判斷力，協調性高、慎重，與人爭執時，不會固執己見，並且富有理解力，深

受人們的信賴。

謙虛、溫和、不拘泥於小事的妳，在公司裡能和同事們和平相處，且能得到上司的賞識，因此，升遷順利，是個優秀的中堅幹部。

妳具有細密的調查研究，及分析整理資料的優秀才能，適合做個公務員、銀行員、會計師、一般事務員、秘書等。

AB型——猛烈型　有奉獻精神，適合做個公務員

妳具有為世間謀福利的偉大情操，積極參予社區活動，具有為改革社會黑暗面，不惜犧牲奉獻的精神。

妳也是個開朗、有優越感的人，喜歡接近大衆，所以，適合從事於營業顧問、宣傳等工作。

絕不輕易拒絕別人的請託，因此很能得到同事們的信賴，並且由於妳優秀的領導力，而受到上司的器重，所以，升遷很快，職位

愈高妳愈能發揮強而有力的管理才能。妳適合成為政治家、公司職員、警察、社工人員等。

AB型——中間型　適合需要技能、資格的個人性工作

具有冷靜、強韌、適應性、負責任及靈敏的頭腦，做任何事都能駕輕就熟，因此，反而不知道自己究竟適合那種職業。既然妳有這些優越的素質，應從事於靠自己特殊技能發展的行業。例如：醫師、護士、會計師、設計師、各種衛生檢定員等。

AB型——變形型　雖具有創意，但內向而容易失去機會

妳對藝術具有很高的天分，且有卓越的表現力，但是，內向的妳，神經質、很少將理想付諸於行動，且缺乏自信心，以致於使妳失去許多機會。

應訓練把自己的創意表現在文章、繪畫或音樂等藝術上，也由

於個性太強，不適合與多數人一同工作，理想的職業是，詩人、畫家、美術廣告員，設計師、作家等。

如果妳具有積極的性格，擔任新聞記者、編輯、電視製作、宣傳人員等工作，也能充分發揮妳的才能。

O型——穩靜型　適合藝術工作或做個公務員

若想要發揮妳豐富的創作力，必須要有人從旁協助妳，替妳分擔家事，妳才能全心全力的投入藝術的工作。

妳也是個人道主義者，是個足以信賴，有強烈責任感的人，最適宜擔任教師、社工人員、醫生、護士等良心職業。如果是醫生，最適合婦產科、小兒科，其開業成功率高。

由於誠實、細心、工作效率高，公司職員的工作也非常的適合妳。若能培養出果斷力，必是個優秀的主管。

O型——猛烈型　適合富有變化、刺激的行業

妳具有知性、才能、精力與個性，勇於向新事物挑戰，但是閒散、滿不在乎的態度，常使妳滯留不前。

能發揮妳優秀才能的職業是，作家、商業設計師、攝影家、演藝人員、刑警、獵人、空服人員、證券商及傳播業人員等。

O型——中間型　藝術素質豐富，不喜歡受人指揮

不喜歡受人指揮，若具有藝術方面的技能，是最好不過的。具有奉獻、忍耐、知性的特質，適合擔任美術館、畫廊、藝術家的代理人，而不適於做個單純的藝術家。富有獨創性，不能忍受固定不變的單調工作，所以也適合擔任船員、航海家等。

若擔任公司職員，必定是個誠實、勤勉的好職員。

不喜歡受人指揮，也不喜歡指揮別人，不適合擔任經營者或管理者。

O型——變形型

才能、實力兼備的領導型人物

因為注意力集中，有自我磨練的勇氣、敏銳的頭腦、獨創性的想法，及實踐的行動力，若能審慎地選擇適合的職業，發揮自己的才能，必能獲得成功。

若做個公司職員，由於妳的誠實與堅決的意志力，做任何事情都能圓滿成功，因而受同事與上司的信賴，但是，應注意妳與同事間的人際關係，避免引起不必要的糾紛。

由於妳具有優越的領導力，常使妳居於權威地位，因此，應時常鼓勵屬下，並以身作則，以提高員工們的工作意願。

●依血型看妳與異性同事的戀情

A型與A型　若彼此生活目標相同，戀情即能順利

這是屬於慢步調的戀情，有時雙方因顧慮太多，而發生衝突，且雙方又不讓步，所以若彼此生活目標又沒有共同點，那麽，兩人很難結合。

A型與B型　只能成為知心好友

健談的B型，能使A型以輕鬆態度與他交往，但是，B型的經常爽約、與獨特的生活方式，阻礙了二人感情的進展，所以只能成為談心的好友，而不適宜成為戀人。

A型與AB型

依A型的言行，決定二人感情是否順利

雙方都具有吸引力，若A型無法將溫柔充分的表露出來，AB型則會自動離去。但是，不要只拘泥於AB型的表面行為，應了解對方的真實性格。

A型與O型

容易自友情發展成戀情

A型對O型最具吸引力。穩重、可靠的A型，與開朗、活潑的O型，會相互傾心於對方特有的氣質，容易自友情發展成愛情。

B型與B型

親密的知己組合

彼此的想法，能發生共鳴的地方很多，只要有良好的契機，即能迅速燃起愛苗，是對無所不談的知己組合。

B型與AB型

兩人戀情是否順利、視AB型的表現而定

與衆不同的AB型，常能牽動B型的心，如果沒有B型積極的主導，兩人戀情則無法順利。但是，AB型的妳若太任性，會導致B型對妳的放棄，所以必須由AB型採取主動，兩人戀情才會順利。

B型與O型

由於雙方特有的個性差異而使感情順暢

理論現實派的O型，時常能牽引靠直覺行動非理論派的B型注意，二人間時常會發生爭執，但是爭執愈激烈，彼此關係愈密切。

AB型與AB型

不論在學識、實務上，均有很好的協調關係

女性希望有男子氣概的伴侶；而男性則喜歡誠實、溫柔的女性為伴，二人可說是互不吸引，但是，一旦談到學識或實務上，彼此即能產生別人所沒有的良好協調關係。

AB型與O型

只能做個交往輕鬆愉快的朋友

AB型的任性行為，常會使O型陷於混亂中，所以兩人只能當個普通朋友，或是為加強工作協調性的往來。

O型與O型

若有一方能讓步，則海濶天空

具有社交性的O型，一旦愛上對方，則能為對方犧牲奉獻。但彼此強烈的個性，容易起爭執，應彼此尊重，互相讓步，才能夠海闊天空，感情更穩固。

●血型與金錢觀念

A型　謹慎、重視心靈的滿足感

安全第一，對金錢謹慎的A型，到百貨公司購物時，常有猶豫不決空手而返的情形出現，不擅於計畫性的儲蓄，重視心靈的滿足更甚於求金錢上的充裕。

B型　收入多，開銷也多

具有良好的金錢觀念，對金錢的

雖然愛你，但這與金錢是兩回事！
只要一點點就好！

投資或賭博，有天才般的素質，有賺大錢的本領；該花費時也毫不吝惜的慷慨解囊，並且也很能儲蓄私房錢。

AB型　理財的天才，但太過吝嗇了

AB型對金錢有份執著，比別人更了解金錢的價值，平時絕不浪費一分一毫，表面看起來窮哈哈的，實際上，儲蓄非常多，並且也是個製造不動產的天才，是個能靠自已的創意、技術賺錢的人。

有時太過吝嗇了，即使是親人也會因金錢的原因與對方發生衝突。

O型　常為別人而使用金錢

需要花費時，即能毫不心疼的花費，

即使使自己在金錢上遭到一點損失，也毫不在意。

O型的人具有商業才能，經營服務業必能賺大錢，夫婦共同工作，也能儲蓄非常多的金錢。

夫婦倆共同工作，好好儲蓄!!

第三章

血型與各職業的人際關係

血型性格能利用於工作場合中嗎？
實例

▽餐廳服務生

由O型與B型的服務生，排成堅強的服務隊伍

餐飲業的服務生，工作場合的人際關係最為複雜。由於與客人發生糾紛、同性間的排斥、異性間的感情糾葛而對上班產生倦怠感，這些問題常令餐廳老闆感到頭痛不已。

經驗豐富的餐廳Y老闆，認為O型與B型的人最適合從事餐飲業，O型活潑、有朝氣，B型積極奮發，能立刻帶動早晨的職場氣氛，化沈悶為生氣。

Y老闆訓練他的服務生：當客人一進門，先由O型服務生高喊：「歡迎光臨！」然後B型服務生馬上遞送冰水及價目表，於是工作場合的活潑氣氛自然形成，A型與AB型的服務生，會不知不覺中融入這種積極、有生氣的的氣氛中。

▽患者與護士

對不同血型的護士，有不同的對待法：A型…值得信賴　B型…可當成朋友　AB型…向她訴苦，與她接近　O型…當她心情好時，請她幫忙。

根據調查顯示，公家機關服務態度惡劣排行第一的是醫院護士，其次是火車售票員……。的確，過多的求診者致使候診室一片混亂，再加上工作繁忙，自然護士的態度、口氣會變得很惡劣，有時患者會感到有種欲哭無淚的不滿，即使如此，在投訴無門的情形下，患者也只好忍氣吞聲了。

所以，患者應該了解護士的性格，抓住護士的心理，對症下藥，改善對方對你的服務態度。

A型護士：盡責，具自負心。與她說話時要有禮貌，交待你要遵守的事情，應該確實遵從，一旦她對你產生信任感，即能對你細心照料。

B型護士：是能發揮專門知識、升遷慾望強烈的野心家，動作伶俐敏捷、認真、寡言、有責任心，在職場中人際關係孤立，所以可以和她與朋友般的往來，彼此心情交流。

AB型護士：具有南丁格爾犧牲、奉獻的精神，只要你有任何的困難，告訴AB型的護士，她一定會設法為你解決。但是，AB型的性格無法明確的掌握，所以，不妨偶爾贈送小禮物給她，讓她心情愉快。

Ｏ型護士：外表親切、溫柔，實際上，非常怕麻煩，並且善變。應留心對方的表情、語氣，當她心情壞時，小心不要惹她生氣；當她心情好時，任何要求，她都會欣然答應。Ｏ型護士喜歡詢問患者的身世，也喜歡患者傾聽她心中的煩惱。

▽醫師與患者

A型醫師…常被護士所影響　B型醫師…喜歡受人稱讚　AB型醫師…最受患者歡迎　O型醫師…若不是專家，不接受他的診治

懸壺濟世本是醫師的天職，但是，近來醫師與病患間的糾紛卻

頻頻傳出。

從前的醫師，不論是否親切診治患者，醫院總是門庭若市；然而，民智開放的現代中，醫師若不能體會患者的心情，態度惡劣，則漸漸會被病患所疏遠的。

K醫院的內科門診，星期二的求診率最高，且有上升的趨勢，據調查顯示，大多數的患者均對那天當值的內科醫師表示好感，J病患表示：「只要和那位醫生說說話，就覺得我的病好多了！」Q病患也說：「他真是個親切的好醫生！」以致於星期二內科候診室內大排長龍。

星期二當值的內科醫師血型為AB型，他能了解患者的性格，協調性高，能體會患者的心理，更能設身處地的與對方談話，所以，普遍受到患者的好評。

反觀K醫院中，病患抗議聲最多、與病人最易發生糾紛的是B型醫師，由於動作粗暴、少笑容，並且說話太露骨、說明病狀過於詳細，容易造成患者的心理負擔，而使患者對他產生厭惡感。

B型醫師喜歡別人拍他的馬屁，所以，若要B型醫師對你的態度和善，那麼則要盡力稱讚他，使他心情愉悅。

O型醫師雖能使患者安心，但是，若不是他所專長的病症，治癒的希望不大。所以，應確認O型醫師的專長後，再接受他的診治。

A型醫師較穩靜、寡言、給人有種安全感，是個足以信賴的醫師，但是A型醫師的風評好壞，是受助理護士所左右。

▽化粧品女推銷員與顧客

A型顧客…喜歡鮮明、熱情的顏色　B型顧客…喜歡灰暗的顏色　AB型顧客…喜歡高貴的顏色　O型顧客…除了黃色、綠色、紫色外，任何顏色都喜歡。

推銷化粧品的K小姐，非常了解顧客心理，是推銷的頂尖高手

。她在推銷產品前，必先問明顧客的血型，再依不同血型偏愛不同顏色的特性，介紹適當的化粧品給顧客。

A型的人偏愛紅、翠綠、白、黃等鮮明的顏色。

B型的人較喜歡灰、紫、銀、深藍等灰暗的顏色。

AB型則適合金、銀、翠綠等高貴印象的色彩。

O型除了黃、紫、綠等顏色外，任何色彩都能接受，特別是紅、象牙等顏色最偏愛。

K小姐根據不同血型不同顏色的喜好，指導顧客選擇化粧品。

適合向A型顧客推薦華麗、色彩鮮明的化粧法，最好向她介紹薔薇色系的口紅與指甲油。同時，拜訪A型顧客時，應穿著黃色系的服裝，使她心情舒爽，樂於購買推銷物品。

不應在晴朗無雲、陽光燦爛的日子拜訪B型顧客，應選擇陰天的午後，以輕鬆、自然的態度拜訪她，如此推銷產品才能順利。

AB型的顧客具有追逐流行的強烈慾望，所以訪問她時，應穿著

常被香味吸引的O型

流行的服飾，或獨特的裝扮，必能引起她的興趣，不妨贈送小禮物給她，她必會欣喜萬分。

O型顧客是最容易推銷成功的對象，但是，情緒常隨天氣而變。若對方心情低落時，妳應立刻打退堂鼓；當對方心情好時，即使不大喜歡的化粧品，也會一口氣的買下。

▽B型電視製作人的失敗

血型B型的電視製作人K先生，籌備新戲時，向上司拍胸保證：「這部戲一定會贏得滿堂采！」但是，開播以來，收視率節節下

跌，因此，工作人員個個頹喪不已，屬下向K先生表示不滿；K先生責備屬下無能，如此互相憎惡、互相推卸責任。

新戲的工作人員，包括：二名A型的導演、二名AB型助理製作、數名B型攝影等組成。

有天，AB型助理製作在廣告廠商面前，向K先生提出極度的不滿，並且想在廠商面前表現自己，不知不覺就愈說愈有勁。然而，從不會為別人設身處地思考的K先生，心中立即產生：「好傢伙！我平常待你不薄啊！」而與AB型助理製作人翻臉。

從此以後，AB型助理製作人雖然曾想改善與K先生的關係，但是，K先生仍不給他好臉色，使得彼此關係愈來愈惡劣。

B型的人喜歡命令、指揮別人，卻不喜歡被批評。B型主管若能與屬下和平相處，必定能闖出一番大事業；但是若與部屬交惡，即會造成無法挽回的遺憾。K先生即是最好的寫照。

這齣戲的工作小組中，B型的人佔多數，A型的人只有兩名，

所以無法將A型特有的協調性發揮出來，只好跟著B型的工作方式前進。

K先生所領導的工作小組無法協調的另一原因是：欠缺O型的工作人員。

表面看似不可靠、善變的O型，能扭轉團體中低迷的工作意願；打破沈悶的職場氣氛，並使緊張的氣氛緩和。

▽能製造團隊精神的（A型）監工

任職建設公司監工的K先生，在業界以擅於用人而聞名。他用人的秘訣——視血型來分配工作。

當B型的屬下有過錯時，都請託O型屬下代為……

血型A型的K先生，自知顧慮太多的缺點。所以盡量克制自己不對屬下嚕嗦。

由於B型性格與A型性格差異大，所以K先生盡量不與B型的人正面衝突，即使B型的屬下有過失，也請託了解A型性格的O型，從中傳達他的意思，而不會令B型的屬下有反抗感。

但是，當要稱讚B型屬下時，則親自讚賞他，使B型屬下有受賞識的感覺，而更認真工作。

K先生時常與O型屬下共餐，待對方如好朋友般親切，工地上有任何的風吹草動、或員工的不滿，皆能自O型屬下口中得知。

此外，逢年過節都送禮物給O型屬下及他的妻子，使O型屬下心存感激，對K先生更加忠心。

A型的人，一旦感受到上司的賞識，即能立刻奮發工作，因此，K先生時常邀請A型屬下到家裡用餐，令他感受上司對他的另眼看待與照顧，而能為K先生效命。

工作進度、專門知識等問題，K先生則隨時請教AB型屬下，滿足AB型屬下的自尊心與自負心。

K先生非常熟悉血型類別的操縱法，並且在職場中實際應用，與屬下和平相處，令屬下發揮最高的工作效率，是使他在業界備受讚許的原因。

▽依血型性格特徵接待乘客的計程車司機

已有二十年駕駛經驗的計程車K司機，是個最有人緣的司機。只要他載過的乘客，都會利用無線電呼叫指名要K司機服務。

五十七歲的K司機，四、五年前曾因常與乘客發生糾紛，而產生改行的意念，後來，K司機開始研究血型性格特徵，才改變了他的想法及待客的態度。

K司機依乘客的服裝、招呼計程車的地點及招呼姿勢，研判乘

客的血型，然後，根據血型性格的特徵與乘客應對。

在車道旁，大力揮手叫計程車，是屬於B型性格。B型客人通常未等車門關好，即對司機說：「直走！」此外，B型男性，大多有股特殊的體味。此時，K司機即會以謙虛有禮的態度：「對不起！先生，這一帶我不熟，請您告訴我路線！」同時，立即關上音樂，使B型乘客感到輕鬆、自在。

A型乘客往往待計程車接近後才舉手，上車坐穩後，才說：「嗯……請到××路！」口氣客氣、有禮，但A型乘客最難應付，只要他有小小的不滿，即能引起他滿腹的牢騷，尤其是正襟危坐的A型乘客。K司機絕對不主動與A型乘客說話，即使說話，也只是簡單的問答方式對談，若無法明瞭對方的意思，K司機也會回答：「您說的有道理！」

A型乘客聽到如此的稱讚，即立刻感到精神舒爽。

O型乘客喜歡在十字路口或容易停車的地方招呼計程車。上車

後，話題源源不斷，此時，K司機拿出平時即已備存的口香糖或香煙請對方，使O型乘客產生親切感。

AB型的乘客，喜歡走捷徑，想以最低的價錢，到達目的地，因此，AB型乘客特別注意計費表，若遇上交通顛峰時段，要讓對方感到司機已非常努力的提早到達目的地，並且車費少收十、二十元，即會令AB型乘客感激不已。

▽婚禮司儀的血型

你是否想要有個簡單隆重的婚禮，同時讓來賓們留下深刻的印象呢？想要有富創意、高效果的婚禮，則必須考慮何種血型的人擔任司儀最理想？何種血型的來賓致詞最恰當？媒人以何種血型最適合？

A型的人擔任司儀，能使婚禮格調提高，但是容易流於中規中

矩，有時司儀太過緊張而易發生失誤。所以，若要挑選Ａ型的人擔任司儀，則必須挑選經驗豐富、口才好的Ａ型，才能有個令人感動的傑出婚禮。

擅於製造歡樂氣氛的Ｂ型，若擔任不拘形式的婚禮司儀是最理想不過的，但是，愛出風頭的Ｂ型，若任正式婚禮的司儀，常由於賓主不分，而將整個婚禮氣氛搞砸，只要克制自己不要太醒目，即能做個稱職的司儀。

安全、可靠的Ｏ型，只要敢在衆人前說話，大體上都能成為優秀的婚禮司儀。只是Ｏ型的人較懶散、不會控制時間，常使婚禮過於冗長。Ｏ型的人最適合擔任接待，因為說話方式溫和，令來賓感到親切、愉快。

若要組成一對司儀，Ｏ型與Ａ型是最佳搭檔。

最不適合擔任司儀的是AB型，因為AB型的人顧慮多，容易被困惑，時常拖長婚禮時間，使氣氛變的死氣沈沈。但是，氣質高雅的

AB型，常能說出令人感動的話，最適合擔任來賓致詞或媒人。

▽導遊與血型

喜歡傳統旅遊的「火」性格

近來海外旅遊非常興盛，是否能有個盡興的異國之旅，全視導遊是否帶領有方。

K先生任職導遊已近十年，只要他拿到旅行團員名單，必先問明旅客的星座與血型，以便了解團員的性格。

血型分為A、AB、B、O四種，星座也依特性分為：「火」、「土」、「風」、「水」等四種型態。

牡羊座A型的團員，因星座、血型均屬「火」，因此性格強烈、喜歡傳統式的旅行，例如，遊覽名勝古蹟。

「土」型的勤苦、樸實、節儉；「風」型的人求知慾強、好奇心重，喜歡無拘無束的到處旅遊；「水」型的人，則不大喜歡表露

	火	土	風	水
星座	牡羊・獅子 射手	金牛・處女 魔羯	雙子・天秤 水瓶	巨蟹・天蠍 雙魚
血型	A	B	O	AB

真正性格，有點兒陰鬱，表面上似乎很愉快，實際上內心存有非常多的不滿。

K先生依據血型、星座的特性，帶領旅行團，常能使每位團員有趟愉快的旅遊。

據K先生表示，若旅行團中，「風」性質的人居多，旅行則能非常順利。若遇上「水」、「火」性質的人居多，則團體中容易發生糾紛，那麽K先生則會特別留心這類性質的團員，並加以協調，同時，他在分配旅店房間時，常把同性質的團員分在一室。例如，水瓶座O型團員，可令雙子座或天秤座O型的團員與他同室，即使彼此年紀相距大也無妨。

人類具有一種微妙、無法理解的「投緣性」，這種「投緣性」大部分會藉著血型、星座做生理性的反應，而K先生則是依據這種生理性反應來掌握旅行團中的氣氛，使團員們都能有個快樂的異地之旅。

▽新商店的店長與血型

B型是最佳人選；O型適合任助理之職；AB型適合接任業績滑落後店長一職

新開幕的百貨公司或旅店，常覓不到合適的店長而頭痛不已，而店長是否能與屬下有良好的「合作」關係，往往影響公司今後的營業狀況是否良好。

顧慮過多、謹慎的A型，不適宜擔任新開幕商店的負責人，往往弄的自己精疲力盡，仍得不到好業績。

勇於向困難工作挑戰、具有奮發、積極性格的B型，是最理想的新商店店長人選。但是，B型性格的人只適合負責新開幕的商行，不適合負責太久，因為只要一過新開幕的高潮期，業績即快速下滑，同時B型店長也容易與店員們發生糾紛。

能繼續B型開創工作的是O型，O型能補救B型的缺失，能提高別人對他的信任度，將業績發展的更為蓬勃。

O型的人協調性高，保持平衡的能力強，但是，若商店一開幕即錄用，可能也會和A型的人一樣，顧慮太多而產生不安感。

AB型的人最不適合擔任新開幕的店長，反而適合擔當受重挫的業績回升時的重任，他能詳查失敗之因，並加以研究想出理想的改善方法。若能採用AB型的創案，再交由B型的人去實踐，必能有完美的成果。

▽不同血型的人喜歡不同種類的狗

血型性格不同，生活習慣也會有差異，有趣的是，不同血型的人，對狗的喜好也不同。

A型的人，通常都會選購溫馴的狗，並且只喜歡一次養一隻狗依性格選擇愛犬……

，喜歡的狗例如：性情溫馴的雜種狗、秋田狗等。

O型的人對飼養的狗百般呵護，狗毛也修整的非常整齊，就像自己的孩子般全心全意照顧自己的狗。

AB型的人愛狗的方式非常現代化，別人越不注意的狗，他越感興趣。例如：沙皮狗、雜種狗、杜賓狗等。

AB型的人很注重與狗初次見面的印象，極少因別人推薦而養狗的情形出現。

喜歡變化的B型，一般來說較喜歡大型狗，尤其是狼狗、哈曼特種狗等兇猛的狗，喜歡與狗一起活動。對B型的人而言，要將狗稱為他的寵物，不如稱為是他的同伴，或競爭對手。

第四章

對血型性格的煩惱

A型的人

Q：如何養育內向、神經質的孩子？

我是36歲的家庭主婦，女兒今年小學六年級，她健康、活潑；但是我的兒子小學三年級，卻非常內向、神經質，平時在學校也不太愛說話，若學校要舉行母姊會或教學觀摩，他就會整晚都睡不好，顯的非常焦躁不安，很為他擔心。

我的兒子血型是A型，於二月二十四日出生。

A：孩子的性格是由母親所造就的，應改變教養方式

妳的兒子時常悶悶不樂，大部分的責任全在於母親身上。從他嬰兒時起，妳即認為他是男孩子，無形中對他的管教嚴苛，任何事都要干涉，所以孩子較易變得神經質。尤其是幼小、意志力薄弱的孩子，最易變成無力的性格。

妳的兒子是A型雙魚座，性格內向、易受母親的影響，大體上體格都很修長不喜歡運動，所以想要改變他的性格，就應增強他的體力，讓他多運動。

Q：現年五十八歲的先生想再娶

十二年前妻子移情別戀，而與她離婚，我獨自扶養兩個兒女長大成人，一生勤苦克儉，從未鬧過緋聞。

女兒早已出嫁，兒子最近也因工作關係遷出，剩下我孤苦伶仃的守著老屋，很想找個能與我同甘共苦的女伴共度老年，而且孩子們也贊成我再娶。

我從事園藝工作，雖不是大財主，但也有自宅，身體健康、有自信，只是擔心若再娶到像前妻一樣的女人，至今遲遲不敢有所行動。

我的血型是A型，十一月十八日出生。

A：現在正是你再婚的最佳時機，O型女性最適合你

你屬於天蠍座，具有強韌的性格，所以不應如此畏怯，應以樂觀的眼光、輕鬆的態度來考慮再婚的事情，想要有圓滿的第二春，應考慮下列幾點：

(1)你固執、中規中矩的想法與作為，可藉著O型女性，變成心胸寬大、為人處世圓滑，同時你較能對她一見鍾情。

(2)婚前應確認彼此對性的滿足感。

(3)經濟上不可使對方或子女有所負擔。60歲以後結婚生活有障礙，問題多出於金錢上。

Q：請使我變成能疼愛性格剛強的女兒的母親

國三的女兒性格與我相似，意見多且強，時常與我發生爭執；而我的兒子（國一），雖然成績中等程度，但是待人親切、溫和，也極具公平心，有一次，家裡的猫受傷，他整個晚上都不睡的加以看護牠。

雖然我不是很討厭我的女兒，但是總是和兒子較為親近，丈夫常責備我：「妳愈是和兒子形影不離，女兒就愈是倔強！」

我該如何與女兒相處呢？我是B型，丈夫是A型，我的女兒是AB型。

A：二人性格相似，又屬同性，且她正處於反抗期，所以不必太過操心

親子間也有所謂的「投緣性」，假使合不來，不知不覺中即對對方的所作所為感到極度的不滿，然而，親子間平時的爭執愈多，感情反而愈深。

尤其是妳與女兒的性格相似，女兒就好像妳的一面鏡子，隨時隨地反應出妳的缺點，妳當然很容易發怒囉！將來等女兒離開家後，最感寂寞、最思念她的，恐怕是妳！

到了國三，明確的自我意識出現，常站在女性的角度批判自己的母親，無意識的慾望不滿，與長期的理性批判，變成不滿的舉動，而與妳發生爭執。依妳們的血型來看，均屬強烈個性，不喜歡一成不變，縱然有時會發生爭吵，但在本質上，妳們具有相當高的「投緣性」，同時，對於AB型的女兒的想法，有時連她自己也弄不清楚。

妳應牢記，大多數的孩子是在與雙親對立中不斷的成長，妳應拿出自信的態度對待自己子女。

Q：高三第一學期期末考作弊被發現，因而精神衰弱

高三第一學期的期末考時，第一次作弊就被抓到，因此有神經衰弱的現象，最近甚至連書都看不下去了，感到非常焦慮，唯恐明年的大學聯考中我會名落孫山。

高中三年我一直是班上最優秀的學生，但自那次的作弊事件後，別人對我完全失去信任，我也因此自信心盡失，終日鬱鬱寡歡，對人

家小小的舉動會非常敏感、多疑，無法集中精神專注在一件事情上。因此，我的成績退步，使我更焦躁不安，我該怎麼辦呢？我的血型是A型，九月六日出生。

A：檢討過去，以自己的力量開拓前途

平常勤勉、謹慎的人，一旦遭受挫敗，比普通人更容易心灰意冷、失去信心，同時常對一件事情耿耿於懷、煩惱不已，特別是A型「處女座」的你，這種傾向非常強烈。

你是班上的優等生，因此你的自負心高，對小小的過失無法釋懷，有點自卑的傾向。

你若是想脫離現處的困境，必須記住二點：第一點，要培養開朗、豪邁的胸襟，不必看別人的臉色來決定自己的言行，應挺起胸膛，以開朗的笑臉迎向每個人，同時應訓練乾淨俐落的行動。

人類的情緒會受行動的改變而改變，所以無論是在家中，或是在學校中，與人打招呼或回應別人的話，一定要保持開朗的態度，大聲說出來也無妨。

第二點，雖然自己犯了過失，但是仍必須靠你自己的行動與實力挽回別人對你的信任，A型的人具有強韌的性格，只要你下決心去做必會有好成果。

總之，你應磨練自己，培養堅強的意志力，應以「自己做事自己當」的勇氣奮發向上。

Q：丈夫在小鋼珠店上班而感到不安

我今年34歲，與丈夫結婚十年，他大我六歲，現在育有二個孩子。從前他任職建材公司的營業課長，不幸公司於前年倒閉了，雖然他曾經試圖找份合適的新工作，但是一直沒找到而閒賦家中，大約在三個月前，他突然到小鋼珠店上班。

我曾對他表示：「小鋼珠店說倒閉就倒閉，不安定又沒保障，對孩子的將來影響很大。」丈夫竟以陰鬱的神情回答：「我只有小學畢業，能找到什麼好工作？以前是我的運氣好，況且在小鋼珠店上班又不是做壞事，有什麼不好？」但是我內心還是感到非常不安。

丈夫是A型，十一月十四日出生；我也是A型，五月二十三日出生。

A：相信丈夫，溫柔的對待他，把握住每一個機會

對於職業的選擇，大多數的人似乎都有種錯誤的想法；不是選擇能發揮自己才能、或符合自己興趣的工作，而是挑選「公司」。但是，我們必須要有「一流的公司，不是永久一流」的認識。

妳的丈夫願意擔任小鋼珠店店員的工作，正是湧出強烈工作慾望的時候，此時妳應該給予適當的鼓勵。

在小鋼珠店上班，每天都能與各形各樣的人接觸，或許能使妳的丈夫發現新的人生觀，因而放大胸襟、眼光深遠，所以妳應捨棄對小鋼珠店的成見，讓他去試試看。

其實，每天和衆多人接觸的工作，比在桌上的工作更能抓住時代的趨勢。或許能從工作中得到生意的靈感，因此而飛黃騰達也說不定。

A型的人通常對環境的變化缺乏適應力，環境一旦有了變動，A型的人比普通人受到的衝擊還大。

然而妳的丈夫是A型「天蠍座」，遇到困難、煩惱時，反而能力圖振作，所以將來一定會出人頭地的，身為妻子的妳，應相信妳的丈夫，溫柔的對待他，並時時為他加油打氣。

Q：對他的小動作感到厭惡

我今年二十八歲，是一名服裝設計師，已談過三次戀愛，但全無結果。現在每天過著毫無生趣的日子，同時也為自己的不靈巧，感到氣喪。

只要我對某個男性有好感，就會非常迷戀對方，但是，一旦發現我所不喜歡的小動作，即會變得非常討厭對方，例如：他晚上睡覺會磨牙；洗臉時，動作粗魯，把水濺得到處都是……。

這種情形反覆發生，致使我到現在都尚未找到合意的對象。

我是A型，二月十日出生。

A：「水瓶座」的妳，應選擇與妳相同血型、星座的男性為伴

不只情侶間，即使已成為夫妻有時也會發生小摩擦，如牙膏蓋子沒蓋好，時常挖鼻孔……等細小的事情，也會讓彼此怒目相向。

但是，若彼此真心相愛，對如此小小的差異也應能體諒，如果妳無法喝他喝過的茶，那麼即是危險的前兆。

二人交往中，即使已發展到肉體關係，若對對方的小動作或癖好，感到討厭或起雞皮疙瘩，這即表示二人已有某些地方無法取得一致感受，這稱為男女的「生理投緣性」，也就是本能的好惡，感

情所產生的作用。

A型的人，這種生理反應特別敏感；而O型的人卻正好相反，O型「雙魚座」、「巨蟹座」的人，這種生理上的嫌惡感較少。

A型「水瓶座」的妳，即使心中喜歡對方，但是由於有潔癖感，對小事非常的在意，致使妳產生拒絕的反應。

若妳想挑選一個不會令妳產生生理厭惡感的男性為伴，應選擇與妳相同血型、星座的男性。

Q：對丈夫不喝酒，即不能同床，感到極度不滿

我今年二十四歲，與丈夫結婚剛滿一年，他大我三歲，是個認真、內向的人，現職公務員。

平時丈夫並不是個喜歡酗酒的人，奇怪的是，自新婚時起，他非得要喝個爛醉，才肯與我同床。

不曉得是否會對將來生小孩有不良影響？同時，與酒醉的人做那

種事情，心裡覺得很不是滋味，似乎他並不是真心愛我。

曾經向他問原由，他卻支支唔唔的說不出個明確的理由，事後也不見丈夫改善，所以覺得非常不滿。

丈夫九月四日出生是B型，我是十一月二十三日出生的A型

A：妳不妨與丈夫一同喝酒享樂

夫妻同床對妳來說，是「製造小孩」的神聖儀式；但對妳丈夫而言卻是「飲酒作樂」後的一種享受。通常妻子面對滿口酒臭味，恣意發洩性慾的丈夫，外遇的比例很高。

尤其是朝九晚五的公務員、學者，固定的工作模式，使得他們不擅於與女性交往，所以夫妻間的親密關係也容易變成自我中心。想要使二人都擁有美好的性生活，是必須經過一段時間努力才能得來的。

首先，妳必須改變妳的想法，與丈夫親密不只是為了製造身孕

；享受它也是造就幸福生活的重要因素。

二人的性格或思想雖互有差異，但是夜生活同步而得圓滿婚姻的夫婦不在少數。

若彼此真心相愛，應能體諒對方小小的缺點，妳不妨也試著喝一點酒，與他一同享受同床之樂吧！

Q：對工作不熱衷，也不想結婚

我是一名職業婦女，今年二十五歲。我的一位近親是戀愛結婚的，她自高中時起就開始談戀愛，平時也非常喜歡小孩子，所以她立志將來要做「幼稚園老師」，她自暑期大學幼教系畢業後，順利達成她的願望，同時婚後也非常積極參加社會活動，相當活躍。

而我大學經濟系畢業後，任職電機公司事務工作，但是我總是對工作熱衷不起來，也無法接受像得熱病般的自由戀愛，相親又……沒那種心情。

我一直無法明瞭人生的目的是什麼？雖然我時常到處旅行，偶爾與老同學飲酒敍舊，但是這也只是短暫的心情爽朗而已，像我這樣的女人，到底該如何生活呢？

我是A型，於九月四日出生。

A：選擇奉獻社會的職業，或尋找精神上的支柱

法國有一家雜誌社，對法國女性的生活方式做了民意調查，根據調查報告，有72％的女性對相夫教子的平凡生活感到滿足；同時「孩子」佔女性生活意義的第一位，第二位是「家庭、家族」，其次是「職業」，由此可知女性的生活意義總離不開男性。

因為妳沒有去發現工作、戀愛、婚姻的意義，所以妳做什麼

事都不會滿足，以致覺得生活沒有意義。

通常「處女座」的人，不容易找到自己所渴望的事物，但是，一旦找到自己心中所渴望的事物，則會積極的去追求。

尤其是A型的「處女座」，對於能利用自己的技巧、技術奉獻社會的工作表現的非常熱衷，妳不妨選擇從事社會福利工作、傳教士、或經營顧問等，妳能從這些工作中得到滿足；或尋找足以信賴的精神支柱。

Q：小學四年級的孩子，將來該入私立國中或公立國中

我的兒子今年小學四年級，他的功課從不用我們擔心，成績是班上的優等。有一天，妻子對我說：「將來若要讓他讀私立的明星國中，必須現在讓他去補習。」

而我認為應該讓兒子自由發展，非常反對上補習班，花錢又抑制了孩子性向的發展，與其讓兒子進入塡鴨式的私立國中，不如讓他讀良莠不齊的公立國中。
　不過妻子一再的向我強調私立國中的優點，不禁使我也困惑了，我的兒子血型是A型。

A：A型的孩子容易受環境的影響

「聯考戰爭」好比是集團歇斯底里症，雖然想要「讓孩子自由發展」，「反對補習」，但是在與其他孩子的父母交往中，會對自己的主張深感不安。

　從前不甚關心的升學問題，現在變成最重要的事情，同時不知不覺中被捲入集團歇斯底里中。

有誰敢擔保現在是一流的學校，十年後仍是首屈一指的學校嗎？所以你們應考慮選擇適合孩子個性的學校，培育他獨立生活的勇氣，才是當務之急。

A型的孩子最容易受環境的影響，一般說來小時候勤苦，與各種人交往，能提高A型孩子的人格。

對A型孩子的教育，應給他確立目標或分段教育，我給你們的建議是：

(1)暫且不論將來要讓孩子讀私立或公立的學校，為了培養孩子的實力，現在應改變他的學習方針，然後觀察一年。

(2)升上五年級後，應多與他的級任導師聯繫，客觀地確認孩子的能力。

Q：想與男朋友結婚，是否要將過去的私事告訴他

我是名職業婦女，今年二十八歲，和小我兩歲的同事交往已半年多了，雖然他比我年輕，但是他溫文儒雅、誠實善良，是能與我廝守終生的男人，同時，他也是真心的愛我。

但是，在三年前我曾經與一名男子同居，這段往事我一直未對現任的男友坦白說出來。真心的對待他，是不是該把這件事告訴他呢？

他是O型，五月十六日出生，我是A型，十一月二十日出生。

A：告訴他反而會使他心門緊閉，應前瞻未來

面對心愛的人，都會有股讓對方知道一切的衝動。把過去的一切全部告訴對方，或許能使妳較釋懷，但是對方聽後心裡會做何感想呢？

有的男性不會計較女朋友的過去，對他表白往事，反而能使二人的情感更堅固；有的男性一旦知道女朋友的過去，熱情馬上冷卻，甚至斷然提出分手。

根據某調查報告中顯示，十個人中有七個人知道男（女）朋友

的過去後，馬上變的冷淡、寡情。

每個人都有很強的自我主義，對別人嚴酷，對自己寬大，尤其是「金牛座」的O型男性，平時溫厚、開朗，但是有時會為了一點小事生氣，變得非常倔強。

妳若對他說明過去的私事，恐怕不會有好結果。

二人的愛情最重要的不是在過去，而是在未來，妳應拋掉過去的不愉快，振起精神與勇氣，計畫將來二人生活的幸福藍圖。

Q：夫婦二人經營起的超級市場後繼無人

我今年五十歲，原本只是個魚販，多年來與妻子胼手胝足，現在已有一家稍具規模的超級市場，本來想替獨生女招贅……，但是女兒

大學畢業後，就與一名美國同事結婚，現在居住紐約。後來打算收養弟弟的次子，但是小姪子本人表示：「做大伯的養子很好啊！可是我不喜歡做生意，若將來可以到外面上班的話……。」

萬一有一天我有什麼三長兩短，事業無人繼承時，該如何是好？我是十一月四日生的A型；小姪子是七月九日生的O型。

A：應廣範圍的尋找繼承者較妥當

中小企業業主最頭痛的問題就是「後繼無人」，想要將夫婦倆多年辛苦經營的事業，交給有血緣關係的人來繼承，是人之常情。某家食品公司有項有趣的規定：「繼承公司者不限於直系血親，要傳給無能的人繼承公司，使公司倒閉，不如傳給有能的非親屬者。」

所以隨便找個有「血緣」關係的繼承者，不如尋找無血緣關係，但是有能力的人來繼承。

收養不喜歡做生意的人為養子，難保他將來會恆守家業。

七月九日生的「天蟹座」O型，最適宜經營超級市場，先不論收養義子的繼承問題，應先讓姪子了解做生意的趣味，經過一段時間後，他到社會上工作時，可能會使他改變想法回心轉意的。

五十歲正是使事業真正發展的時期，你不必如此杞人憂天，其次你不妨擴大範圍來尋覓適當的繼承人選。

B型的人

Q：育有二個孩子，丈夫又無固定職業，對未來感到不安

我今年四〇歲，有一個讀國三的兒子及國一的女兒，先生大我五歲，當初我不顧家裡反對而與先生結婚，後來專心在家照顧孩子，對丈夫也沒有什麼特別的不滿。

現在孩子大了，不用我每天跟在身旁，應有很多時間陪陪丈夫，但是我卻對他愈來愈不滿意，尤其是他沒有固定的職業，時常換工作，到目前還只是個小職員，同時又沒有儲蓄，家裡開支、房租都是靠我做點副業來維持的，而丈夫卻成天在外遊盪、說大話，使我對未來很擔心。

丈夫O型四月十日生；我是B型十二月二十七日生。

A：重新檢討自己的生活，再度尋找丈夫的優點，並多支持他

世上沒有十全十美的夫妻，法國心理學家依烈布神父曾說：「

夫妻好比森林中的二棵樹，能很清楚的看到對方的小缺點，但是卻看不到自己的大缺點，同時常忘記二人共同造就出的森林是何等的美麗！」

妳認為丈夫無能，難道他就不認為妳是個滿佈缺點的妻子嗎？「山羊座」的B型女性，常常認為只有我在受苦受難，只有我在認真工作，因此對對方的不滿就愈加深了。

所以妳應站在丈夫的立場為他想一想，問問自己：「我是不是也有不對的地方？」「他是不是對我也感到不滿？」自然就不會對丈夫愈來愈嫌惡了。

夫婦間的磨擦，很少是一方完全正確，另一方完全無理取鬧的，妳可以試著再找出戀愛時代丈夫吸引妳的魅力，再次信賴丈夫，燃燒愛情。

Q：五十歲的男人，因生活行動不便而想結婚

我今年已五十歲了，受過良好的教育，但性格內向，不擅於與人交際，所以工作不順利，現在失業在家中。

自年少時就決心終生不娶，然而，年歲漸長，近來常感到右手臂及腰部痠痛，有時甚至連吃飯都有困難，在生活上感到非常不方便。像我這樣的人，想結婚是否是一種奢求呢？

我的血型是B型，七月十五日出生。

A：首先要有工作，對人生有信心，然後再尋伴侶

人生有三次轉捩點，第一次是二十歲，第二次是三十歲，最後一次則是五十歲，而你現在正處於這重要時期上，怎可如此氣喪呢！

你必須重新檢討自己的人生，因為感覺生活不便才想結婚，是容易錯失這個難得的轉捩人生的機會，你應替你五十歲後的生活畫下藍圖，應向什麼目標來努力，才是你現在最先要考慮的。

所以，你必須利用過去的經驗，發揮自己的才能，重燃工作慾望，不是為了寂寞而想結婚，而是為了能得個得力內助而想結婚，如此以這種態度尋找伴侶就能很容易的。

沒有一個女性，會喜歡上一個沒有夢想又不努力的男性。

現在是B型「天蟹座」發展事業的艮機，在結婚前先試著努力去尋覓一份適合你的工作，拿出勇氣來面對人生，你遲早會嚐到遲來的春天的甜果。

Q：不了解男朋友的家世背景與想法，但是他向我求婚……

我是名美容師，今年二十七歲。二年前在旅途中認識了現任的男朋友A君，他今年三十歲，在一家頗具知名度公司內上班，在交往這段時間，我常寫信給他，他因為工作忙碌從沒回過信給我，不過我們每兩個月大概會見一、二次面。

今年元旦我們見面時，A君突然對我說：「嫁給我吧！如果不反對……。」同時也強求我與他發生親密關係，但是這一切來得太突然了，況且我對他的身世背景毫不了解，也不了解他的想法……。我是九月七日出生的B型，A君是十一月二十三日出生的O型。

A：O型與B型的配對，各具特色但能互相扶持

近來女性平均結婚年齡是25～27歲，妳現在正值適婚年齡，而

且妳的職業是美容師，顧客大都是女性，工作伙伴也以女性居多，可能使妳對男性抱有很多的憧憬與期待。

對於不十分了解的A君，如果對方強行要求，妳就會變得非常脆弱，雖然心中感到不安，但是行動上也會順從對方的意思，所以妳必須即使醒覺，不可輕易答應他的求婚，應先了解對方，仔細調查A君的家世背景。

B型與O型在性格上各具特色，B型喜歡變化，對工作、戀情表現的非常熱衷，擔任美容師非常適合妳，最好婚後能繼續工作。

O型的人會強迫別人接受自己的想法、行為，喜歡照顧別人。妳應詳細調查他的家庭背景，若沒問題就不要徬徨猶豫，與A君攜手步上紅毯的另一端吧！

Q：結婚已十年，對順應對方也已感到疲倦了

我與丈夫相親結婚迄今十年，育有二個孩子，我今年三十四歲，丈夫年長我五歲，我們兩人興趣、性格迥然不同，即使如此彼此都能順應對方的興趣，我陪他參加我不喜歡的釣魚活動；他陪我到美術館參觀……。

近來，或許彼此都感到太疲倦了，不論在一起做什麼事結果都以吵架收場，二人一塊兒出門卻各自回家，雖然已有了孩子，但是仍不能填滿彼此間的隔閡，為無法維持圓滿的夫妻生活而感到苦惱。

我是七月十七日出生的A型；丈夫是十二月十五日生的B型。

A：即使是夫婦也應要有自己的空間，並確立二人共同的長期目標

A型與B型是奇妙的組合，即使新婚時恩愛無比，但是二人若

稍有齟齬，對方的長處也會將它看做是短處，而無法忍受對方。

布爾代勒將A型稱做「旋律性」，即謂A型很容易定型，覺得別人都不關心他，而時常不滿足或孤寂，尤其是人情味重，有家庭觀念的「天蠍座」的妳，這種傾向特別強烈，對喜歡冒險、刺激，奮發工作的「射手座」的丈夫，時常感到不耐煩。

A型與B型組合的夫婦，明確的劃分屬於自己的世界是建立二人幸福的關鍵，應不可隨意侵入對方的領域中，B型是「韻律型」性格，喜歡變化，注重調和、安全的妳會覺的「疲倦」，即是二人性格交錯而產生的。

妳不妨找尋自己的興趣或副業來做做，在家中各自建設自由的「

自我堡壘」，同時確立二人長期的生活目標。

Q：繼承家業前想先嚐試做個職業婦女，但父母反對……

我今年將要高中畢業了，是家中的獨生女，父母希望我將來繼承家裡開設的西點麵包店，雖然繼承家業是大學畢業後的事情，但是，在接掌家業前我想先嚐試上班族的生活。

或許我是家中惟一的小孩之故，所以有時非常好勝、任性，不擅於與人交際，班導師曾經勸我將來到社會上工作以便磨練自己，改掉這種不好的個性，我覺得老師說的非常有道理，但是，爸爸和媽媽卻以：「妳太任性了，一旦到外面上班，即不會乖乖回來經營家業的。」為極力反對的理由，怎麽辦呢？

我的血型是B型，三月十四日出生。

A．．從事與家業相關的職業，學習別人的經營方法

「雙魚座」的妳，是個愛幻想的浪漫主義者，雖然有時想對現實反抗，但本性善良的妳，絕不會違背父母的意思而與家裡脫離關係的，所以現在最重要的是，應如何使父母了解妳的想法。

通常家裡做生意的兒女，總是喜歡到外面上班，認為上班族比生意人高級多了。而妳決定將來要繼承父業，真教人感到欣慰。

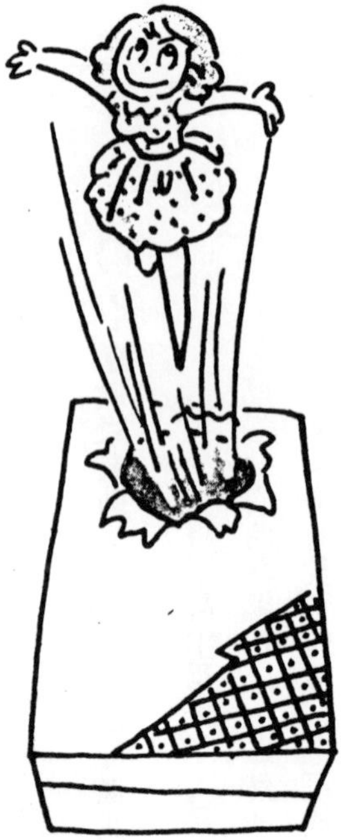

妳想將來接掌家業，又想體驗現實的社會生活——這是典型的B型想法，B型的人不喜歡被束縛，喜歡向新事物挑戰。

妳應體諒父母反對妳到外面工作的心情，所以，若妳執意要到外面工作，應選擇與家業有關的食品業、百

貨業等，學習有關的知識與經營方法，相信對妳將來經營家業必有正面的效果，妳不妨試著將這些優點好好分析給父母聽。

Q：想使缺乏父愛的膽小孫女，變成堅強的孩子

我的大女兒（三十一歲）大學畢業後，即與女婿在外商公司上班，半年前他們夫婦因不合而離婚，小學二年級的小孫女現在由我來照顧。

孫女的性格與我好勝、剛強的女兒正好相反，她非常的膽小，依賴我們，甚至不能與同年紀的孩子們打成一片。前些日子，把她送到同學家寄宿，到了晚上十點多突然哭泣吵著要回家，因此不得不接她回來，沒有父親的可憐孫女，希望她堅強起來。

孫女的血型是B型，九月二十七日出生。

A：有自信的養育她，才能使她成為有獨立心的女孩

因父母離異乏人照顧的孩子，人們常常投以更多的憐憫與關心，更何況妳很擔心女兒的將來，當然對孫女的將來更顯關切。

妳這種不安的心情反而會對孫女的性格產生負面影響，不知不覺使她陷於不安狀態中。

只有單親的孩子，甚至沒有雙親的孩子，順利成長而有好成就的例子非常多。

當然，周遭的人必須要有自信，以信心來對待她，好好養育她，獎勵她優良的表現，嚴厲禁止她做壞事，不溺愛的教養方法才能培育出她的獨立性格。

B型「天秤座」的女性，非常具有行動力，也很容易得到別人的喜愛，應讓她發揮這項長處。

Q：我的女朋友很喜歡談論她的家世、學校等

我今年二十七歲，在銀行上班，三個月前上司介紹一位二十四歲的女孩給我認識，對方的學歷是一流的大學畢業，人雖長得不很美，但是個性開朗，且有可愛圓臉的女孩。

我很喜歡她，也認為她是結婚的理想對象，但是，我們見面時，她總是談論她的家世，或從前在學校的事情，無形中給我壓力感。

雖然對方的條件不錯，但是我也不一定要和她結婚，因此交往一段時間後，與她說話顯的很不自然，有時甚至想提早結束交往……。

她是七月三日生的B型；我是四月十日生的B型。

A：暫時不要與她來往，觀察她的態度即能知道她的真意

男女互相交往三個月後，很自然的就想締結連理，若在這般期間內，本身感到：「對方好像某些地方不自然」時，即是一種危險訊號。同為B型的情侶，若二人合得來則會變的非常恩愛；若一旦發現對方的缺點，有時甚至二人會反目成仇。

通常B型的人，對理想伴侶的條件要求得很嚴苛，尤其是「天蠍座」的女性有自己的家庭生活與理想，例如，結婚對象要某學校畢業、家世要如何……充分考慮後才與對方交往。

當然在她認為考慮這些事情是理所當然的，如果要結婚，就必須考慮這些事情，所以在談話中經常向你提起家世或學校的事情，也是這個緣故。

你應該讓她了解，結婚最重要的是二人間的愛情，不妨斷然的向她提出：「我不適合妳，我們分手吧？」刺激她，或許能了解她對你是否是真心的。

如果她只在乎學歷或家世背景的話，她不會對你提出分手的話有激烈反應的；若她真心愛妳，也許會改變以前的態度。如果她因你提出分手，而斷然與你拒絕往來的話，我勸你就放棄她吧！

Q：神經質的四十五歲職員，希望身心恢復健康

我今年四十五歲，在一家貿易公司當職員，三年前罹患重肺炎，不幸心臟病也同時發作，此後就變成了身心症（一種精神衰弱症）。例如，一到公司人事異動時期或工作太忙碌時，都會感到非常緊張、不安，有厭惡或煩惱的事，就覺得左胸疼痛不已，甚至變得呼吸困難。

曾經到醫院檢查，醫生說我沒有病，只是神經太過敏感了，最近更覺自信心喪失，連妻子也瞧不起我，我該如何鍛鍊身體呢？及培養堅強的精神呢？

我是八月十七日生、B型。

A：對任何事都要抱持樂觀的態度

據調查四十歲年齡層退職的職員原因報告中，「病因」最多的不是對薪資或工作不滿，而是對現實感到不滿，這可能導致你心情緊張、不安的原因，所以如何處理自己的情緒，對四十歲年齡層的上班職員而言，是與預防疾

病相同重要。

即使自信心強的人，偶爾也會有煩惱的時候，尤其是像你一樣勤奮的「獅子座」，只要稍微失去了自信心，往往對小事也想不開，所以對任何事情都抱持樂觀的態度，是治好你身心症的「良藥」，你不妨試著利用「祈禱」、「瞑想」來鬆弛自己的緊張心情，將會有異想不到的效果。

Q：丈夫經常對我及孩子不理不睬，想與他離婚

我是一名家庭主婦，今年三十七歲，已有一個讀國一的兒子，我的丈夫今年四十一歲，在出版社工作，上班時間很不規律，而且非常喜歡打麻將，自結婚以來從沒有在晚上十二點以前回家。

雖然丈夫每月都將薪水原封不動的交給我，但是，他利用時間兼畫漫畫，賺取不少的零用金。最近他開始熱中於賽馬，每到星期日都沈迷在電視賽馬節目中。

對我及孩子經常不理不睬。
如果這種情形繼續下去，我想與他離婚……。
丈夫是二月十六日生的AB型；我是十月四日生的B型。

A：對丈夫寬容一點，同時妳也應培養自己的興趣

曾有人做了一個有趣調查，對四十歲年齡層的男性詢問，來生如果要結婚，想不想與現在的妻子結婚，而大部分的男性皆答：「我已經受夠了。」

妳的丈夫絕不是對妻子、孩子沒有感情才打麻將的，況且麻將要有四個人才能玩，不容易只因一個人的理由而戒止。

或許丈夫消失了回家的樂趣，或覺得回家沒有意思。丈夫回家後是否有自己的房間呢？即使是夫妻，每個人都應有自己的空間。

尤其是AB型的丈夫，他的性格乖僻，而且「水瓶座」的人又特別喜歡結交朋友，是不適合家庭的類型；B型「天秤座」的妳，當

然在生活感覺上和他有很大的差異。

妳的丈夫對遊樂確實是太狂熱了點，但是他並不是個不顧你們母子死活，不負責任的男人，妳應該寬容的待他，同時利用時間培養某種興趣，不要讓自己有空閒胡思亂想。

Q：曾贈送給我昂貴禮物的他，最近常向我提起金錢的事

我是名職業婦女，今年三十二歲，三個月前有大學同學介紹長我七歲的K君與我認識，K君開設一間小型的室內裝璜公司，性格開朗，我們彼此都具有好感。今年我生日時他送了一枚價值昂貴的鑽戒給我，向我求婚。所以我很想找機會將他介紹給我父母認識。

但是最近常對我訴苦：「怎麼辦？三百萬支票眼看就要跳票了！」「我最近手頭很緊，周轉不靈」等，因此我對他的真意感到懷疑，我怎麼辦？

他是O型，三月二十四日出生；我是B型，九月三月生。

A：應盡早洞察他的目的

外表溫文儒雅，但處處留情、騙吃騙喝，而使女性飽受痛苦的男性不少，雖然K君送妳昂貴的禮物，但現在突然說沒錢，妳也不可掉以輕心，反而必須注意他的意圖。

他送妳的鑽戒是否真的有如外表般的有價值呢？妳可以拿給專家鑑定，如果真的是有很高的價值，就暫時注意觀察他的態度，如

果一直纏著妳要向妳借錢，那麼不容懷疑，他與妳的來往是以金錢為目的。

O型的男性有很好的推銷力，「牡羊座」的他很適合從事自由業，具有發展財運的素質，但是妳必須仔細考慮在三個月來的交往，二人感情發展，是否已到了可為他犧牲一切的地步？他值不值得妳這樣犧牲？如果妳稍感到不放心，即應立刻退還鑽戒，毅然決然的與他斷絕往來，曖昧的態度只會給雙方帶來負面的影響。

Q：他平時很正常，但一喝了酒即變得不正常

我今年十九歲，在某食品公司上班。

二個月前我開始和二十四歲的營業部K君交往，他工作認真、喜歡運動，個性開朗、積極，頗受女同事們的歡迎，我很喜歡他，常夢想著與他結婚……。

但是，我們約會時，他只要稍微喝了一點酒，就開始不規矩的挨近我，摸我、親我，甚至露骨的說：「反正我們將來要結婚，今晚和我親熱、親熱吧！」他白天時是絕不會說出這種話的……。

我到底能相信他到何種程度呢？

他是O型，十二月二十三日生；我是B型，一月二十日生。

A：從不同的角度重新觀察他

根據占星術或血型來看，「水瓶座」的妳與「山羊座」的他，個性格格不入；二人出生日相差一個月左右的戀人，幾乎都不能圓滿……。

在二人未發生肉體關係前雖然很熱情，但彼此突破最後一道防

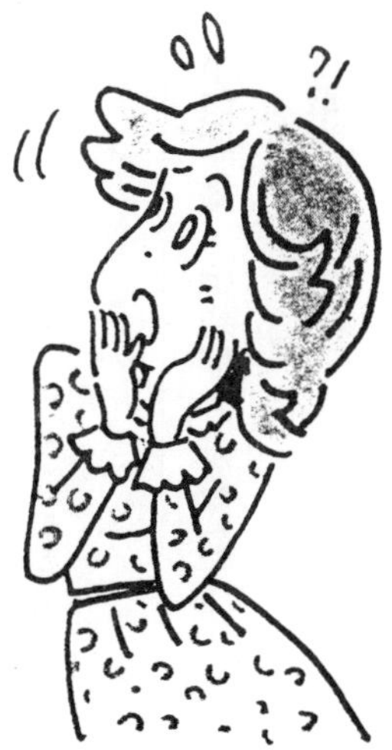

線後，熱情旋即消失，彼此產生齟齬是常有的事。

男性喝過酒後性格異於平常，說出平時從未說過的玩笑話是很平常的事情，尤其O型「山羊座」的男性更是如此。從心理學來看，他對現實不滿，或許在日常生活的不滿情緒鬱積太多了。

對工作非常認真的男人，或平時只與長輩、上司接觸的人，在喝過酒後所表現出的性格，會完全異於平常。從占星術來看，你們並不是完美的組合，但是他的潛力很大，將來可能會有出人頭地的一天。

妳可以試著從各角度，觀察他的日常行動，明確了解他性格變化的原因，然後再決定是否與他再來往。

Q：三十六歲的K君想與二十四歲的S小姐結婚，但親朋好友反對……

我是在建設公司上班的三十六歲單身漢。雖然以前有多次認識女性的機會，但是一直未遇有意中人，所以迄今仍是單身。

最近由於小小的機緣，與二十四歲的女同事S小姐走的較近，也已和她約會了好幾次，至今我們已交往了三個月。

她開朗、純真、有禮貌，由於是家裡的么女，有時會撒嬌、任性，因此我的父母、朋友都說：「你們年齡相差太多，以後還有的受了！」為反對的理由，怎麼辦呢？

S小姐是五月十八日生的B型；我是B型十一月二十三日出生。

A：有年齡差，所以周圍的人會反對，但不可拘泥於這一點

親朋好友因為不贊成這項婚姻，因此提出「年齡相差太大」的反對理由，這是因為他們擔心如果不像他們那樣的平均年齡差結婚，可能會有「不幸」、「受苦」。

據調查，夫妻間的年齡差與婚後的幸不幸福，沒有太大關連，有些夫妻年齡相差二十歲左右仍非常恩愛。

結婚要考慮的問題不在於彼此的年齡差，而是要了解互相的性格、想法，是否能互助互諒、相親相愛，才是最重要的。

你們都同屬B型，性格都是積極、喜歡變化，尤其開朗、愛撒嬌的B型最能博得你的好感。

「金牛座」的她，有勤苦奮發的素質，對「射手座」的你來說，大可安心將一切家務事交到她手中。對工作認真且已中年的你，要選擇與同年齡的女性結婚，不如選擇比你年輕的女性較適合。

Q：雖然很喜歡對方，但卻不能向對方坦白表明真意

我是個職業婦女，今年二十一歲。我有一個已相交半年的男朋友，我知道他是真心真意的愛我，我也很愛他，但是，也不曉得為什麼，總是不能向他表明自己對他的愛意。

他每次約我見面，其實心裡都覺得很興奮，但是外表卻裝的很曖昧，非得等他決定好時間、地點，三託四請後我才肯赴約，所以每次我們見面都有點不自在，我知道他內心很焦躁，我反而態度冷淡……，我是不是有點不正常？

他是九月二十三日生的A型，我是二月四日生的B型。

A：喜歡他，就告訴他……

美國占星術權威莎拉，曾對「水瓶座」的女性做了以下的分析：

「水瓶座的女性，外表平易近人，然而本質非常複雜多變，時常誤會對方，或對事情的判斷發生錯誤。」

特別是B型「水瓶座」的女性，非常缺乏率直性

，雖然有積極的一面，但是時常採取不自然的保守態度，無法坦白表達出自己的真意。

「天秤座」的他也是個無法明確說出自己想法，態度認真的人，依占星術來看，你們非常合適，也有結婚運，或許妳以後再也遇不到像他這樣好的對象了，所以妳應該將內心的想法積極的表達出來，特別是愛的表現一定要明確，不要只靠自己的直覺來推測，必須要養成確認真相後再下判斷的習慣。

目前妳最大的缺點是，自我中心隨意的下判斷，妳應該對自己的感情誠實，再度恢復初次與他相會時的心動。

AB型的人

Q：公司內的男同事，比遠方的未婚夫更具魅力

我是一位ＯＬ，今年二十二歲，有一個大我三歲的未婚夫，我們已發生了肉體關係，三個月前未婚夫被公司調到另一個縣市工作，期限是一年，他說明年將會被調回來，到時即要與我結婚。

但是，上個月與公司的同事們到啤酒屋喝酒，大概是喝多了，心中覺得寂寞難奈，於是和送我回公寓的男同事發生了關係。

雖然我和那名同事一起在同個單位工作，但是從不覺得他有何魅力，不過那次以後，我覺得他比未婚夫更具魅力，但是我不想辜負溫柔、成熟的未婚夫……。

我的血型是AB型；未婚夫是A型；男同事是O型。

A：必須明確的決定，該選擇那一個男性

女人真難捉摸啊！只與未婚夫分離了三個月，即難奈寂寞之苦

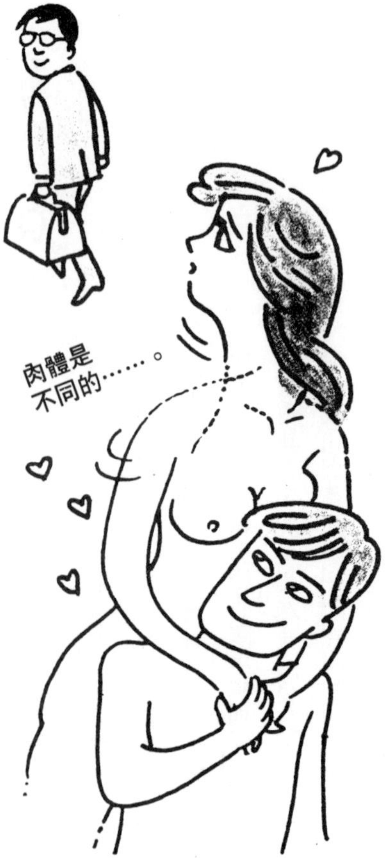

，但是這也證明了妳是個成熟的女性。AB型的女性很樂意享受愛的冒險，一旦嚐到其中的甜蜜滋味後，要求即更提高。從前從未意識到「他是男人」，一旦發生了男女關係，即無法將他忘懷，這正是AB型對異性慾求的表現，身旁的他比遠方的未婚夫更能滿足自己的慾望，而被眼前的男人吸引住，身體渴望他。

妳想確定自己真正喜歡的是誰，最好的方法是，現在立刻去找未婚夫，與他共度一夜後，回到自己的公寓，給自己限定一個時間（一個月或二個月）暫時不要和未婚夫及那位男同事來往。

在這段時間內，那個男人時常浮現在妳的心湖上，如果是那位男同事較能吸引妳，即表示未婚夫無法滿足妳的性慾。

那麽就勇敢的與他解除婚約吧！如果只根據血型來看，O型的男同事較適合AB型的妳。

Q：太自我中心，以致三十二歲尚未結婚……

我在一家公司上班，今年已三十二歲了，父母已去世多年，只有一個已結婚的哥哥。

從小我的個性就很強，又自我中心，曾經罹患身心症，時常對芝麻小事想不開，也不開朗，因此至今仍未結婚。以前曾經有人想替我介紹結婚對象，但是我對相親結婚抱有成見，所以都加以拒絕了。

如今想起來還真有點後悔，個性強、在年齡上有自卑感的我，雖然對相親仍有排斥感，但卻不想單身過一生。

我是八月三日出生的AB型。

A：心情要開朗，努力充實自己

三十三歲正是女性心理、生理改變的轉捩點。女性到了三十三歲左右，親子之間的關係即有顯著的改變，是不得不獨立的時期。

「獅子座」AB型的女性，自我意識特別的強烈，不易與周圍的人妥協，重視自己的夢想，不願輕易的與平凡的男性結為夫妻。

妳的致命傷是缺乏「開朗性」，男人對結婚的理想對象，最基本的要求是對方必須「開朗」。

開朗、溫柔的女性，對男性最

具吸引力。

三十三歲正將是妳改變性格，使自己的生活方式步上軌道的新里程碑，妳應把握機會使自己開朗起來。

想要改變性格，必須先改變妳的態度，或改變妳所交往的人，不妨與不同型態的人來往，也可參加進修會或同好會，必會有正面效果出現，同時妳也應學習在眾人前發言的勇氣。

Q：四十三歲的S小姐無法與男性融洽共處，因此仍是單身

我曾罹患對人恐懼症、集團恐懼症，因此曾換了六次工作，現在正失業中。

也曾經到精神科受診，但是醫生說：「沒有什麼大疾病，只是心理作祟，放輕鬆點！」

即使我很努力和大家融洽相處，但是最後都被排除於外，因為不能和人們協調，因此薪資沒法增加，至今已四十三歲了，仍小姑獨處，目前租賃一間三坪大的房間獨自生活，老家已由哥哥繼承去了，我已無處可去，往後我如何生活下去呢？我是AB型二月十五日出生。

A：AB型水瓶座的人特別有恐懼傾向，請改變妳的想法

每一個人多多少少都有點恐懼症的傾向，誰都有遇到生疏的人事物就緊張、態度慌亂的經驗，連英國首相丘吉爾先生都曾嚐過在衆人前說話的不安與緊張之苦。

通常罹患恐懼症的人，想法都自我為中心，只要一與他人接觸就會有緊張感，於是盡量避免與別人見面。

尤其AB型「水瓶座」的人，特別會有這種傾向，希望被別人看高，任何事都求完美，反而這種性格更容易使自己喪失勇氣，也妨礙了與他人的協調性。

其實想消除這種恐懼症並不難，應該慢慢改變對日常生活的看法與想法，同時仍要學習說話的技巧，必會收到很好的成效。

有了某種擅長即能產生自信，讓它成為你的個性。

曾經有一個生意人，不喜歡在衆人前發言，因此生意清淡，但到了四十歲時，他突然去學習魔術，學成之後所到之處總得到不少的掌聲，因而擴大了他的交際範圍，生意自然日益興隆。學習說話的技巧，也是增進人際關係的方式之一，重要的是，不要把自己的缺點老放在心上。

Q：我是AB型，她是O型，我想與她做朋友……

我是一名三十七歲的單身漢，目前在出版社服務，雖然我至今仍未結婚，並不是我討厭女性，而是我生性內向。

只要一到年輕女性前，就會手足無措，不曉得該說什麼才好，所以總是無法與周圍的女性坦誠來往。

四個月前，新進的同事S小姐，今年二十八歲，活潑又健談，連我這樣的人，她都能誘導我使我配合當時的氣氛，她是我這一生遇到能與我好好相處的女性，我很想與她做更進一步的交往，我該如何接近她呢？

我是AB型；她是O型。

A：邀請她到有氣氛的高級餐廳就萬事OK了

近來三十歲以後的單身漢有愈來愈多的趨勢，所以你三十七歲仍是單身，也不必太自卑。

AB型的男性對異性的要求較嚴格，在日常生活上也時常表現出AB型特有的個性，當團體拍照時，時常離開人群獨自站到一邊。

喜歡孤寂，常隱閉在自己的象牙塔中，而O型的人正好相反，

O型人喜歡積極與他人來往。

自血型上看來，AB型與O型並不是很好的組合，O型的人不喜歡迂迴的求婚法，應該自然地邀請她一同進餐。

O型大多是美食主義者，特別是「巨蟹座」、「天蠍座」、「金牛座」的人，你不妨找一間菜餚美味的餐廳邀她一起用餐。

同時O型的人也喜歡氣氛高雅的餐廳或大飯店，此外，最容易令O型女性心動的時間是下午七點到八點，你應好好把握住機會，與她約會。

Q：一與男性交往，馬上就感厭惡

我是二十六歲的上班族，從大學時代起曾經與數名男性交往，也與其中二名男性發生過肉體關係。當然我不是很討厭他們，所以才答應和他們約會。

但是，也不知何故，與這些男性交往三個月左右，即感到很厭煩，雖然還沒有到聽到他的名字就很討厭的地步，但是似乎自己從未真正喜歡過對方。

對其他的事就不會發生這種情況，如果再這樣下去，是不是就無法結婚？我是二月三日出生的AB型。

A：三十歲以前不會論及婚嫁，大可安心與男性交往

近來血型性格研究頗受心理學家的重視，根據研究結果，AB型的性格多變，時常三心二意，做起事來有頭無尾，尤其是在男女關

係方面，AB型是非常有個性的，女性充滿著性魅力，會自動尋找男伴，當對方非常熱情時，自己反而變得很冷淡。

妳一定是個很美的女性，初與對方來往時，熱情又大方，但是不久就容易感到不滿，特別是「水瓶座」、「天蠍座」的女性，時常要求範圍廣大的交際與異性關係，這並不是意味妳是個容易移情別戀的女人，而是不喜歡被男人束縛的性格使然。

妳這種個性到了三十歲即會改變，或許會成為能為男性奉獻一切，具有家庭觀念的女性。

所以，不要急躁，慢慢「體驗」男性到三十歲吧！這將會帶給妳正面效果，不必擔心會嫁不出去，安心與男性們交往。

男性會使妳更加成長，這段日子將會是妳甜蜜的回憶。

Q：三十七歲的次子每天酗酒，至今尚未結婚

我今年六十五歲有二個兒子，長子已結婚生子另建家庭，而次子至今三十七歲，仍是個單身漢。

次子大學畢業後，即在生產遊樂器的貿易公司上班至今。他個性內向、怕羞，好惡表現明顯，若是我或他的朋友向他提起相親的事，他就會非常生氣的說：「不要你管！」

同時他整天酗酒，我真拿他沒辦法，是否能告訴我有什麼好方法，能讓他早一點結婚。

次子是一月二十三日出生的AB型。

A：不要太急躁，等待時機介紹年輕十歲的可愛女性與他認識

四十幾歲仍是單身漢的人多得是，況且你的兒子只有三十七歲。對結婚或戀愛慾望最強的時期是二十五、二十六歲，這時期正好是個人經濟高度成長的時期，大部分的人都忙於工作，而錯過了戀愛或結婚的機會。

近來三十歲年齡層的單身漢，漸漸趨向於單身貴族，講究享受單身生活的快樂，沒有遇到非常喜歡的女性，是不輕易論及婚姻的。其次，出生順序與性格有非常密切的關係，「次子型」的人性格較自由奔放，不喜歡被侷限在固定的模式中，討厭被束縛。

AB型的人，尤其喜歡自各種刺激中尋找快樂，不喜歡過家庭生活，你愈是急著要他結婚，他愈頑強拒絕。

不過，你也不必灰心，時間會改變他的想法，到時他自然會把握住相親機會。

介紹給他的對象最好是比他年輕十歲左右的女性，像妹妹般可愛的女性最能吸引他。

O型的人

Q：被調到分公司上班，因而想離職自立門戶

我是在鋼材公司工作的三十六歲業務員，前些日子接獲公司的調職令，調我到分公司上班，因為住宅才興建好不久，所以妻子極力反對我到分公司上班。檢討自己的工作狀況以及查閱公司的人事規章，發覺這次的人事調動很反常，恐怕將來無法再晉升了，若薪資高尚可暫且忍受繼續待在這個公司，但是公司的薪水比一般行業還低，因此想離開公司自立門戶。

我可以利用過去的經驗，成為獨立的鋼材仲介業者，但是妻子卻勸我接掌娘家的生意（食品商店），因此使我感到很迷惑，我的人際關係很好，但對數字計算較弱。

我是O型，八月十六日出生。

A：此次正逢人生第二個轉捩點，不妨試著自立門戶

人一生有三個轉捩點，第一次是初出社會，選擇職業的二十歲年齡層來臨時；第二次是三十歲年齡層轉業時；第三次是四十～五十歲年齡層重新確認人生意義時。

你現在正逢人生的第二個轉捩點，一般而言，三十歲前對自已的工作覺得無趣的人，到了三十歲後即會對新工作發憤，由於對調動或調職不滿意，而乾脆決定換工作的人為數不少。

哈里・奇特森博士曾調查發現，在轉業的人當中有三分之二的人是屬於三十歲年齡層。

三十歲年齡層的職業變換，成功與失

敗的差距很大，愈執意獨立的人，愈會有悲慘的下場。遭遇挫敗是當然的，萬一真的失敗了，也要有從頭做起的自覺，才能走向成功。O型「獅子座」的男性，獨立心旺盛，時常勉強做事，不過人生必須冒險一、二次才好，妻子娘家的工作或許也非常具有魅力，但是此時正是一個男人成功與失敗的重要關頭，好好善用你過去的經驗，成為優秀的仲介經營者，或許對你較有利。

Q：發現丈夫有外遇，該不該與他攤牌

我今年四十五歲，有個讀大學的女兒及讀高二的兒子，丈夫是社團的幹事。

三個月前，自友人口中得知丈夫有外遇，於是請徵信社調查此事，終於證實此事屬實。對方是大學教授的太太，今年三十五歲，已有一次離婚的紀錄，她與我丈夫每月二次在飯店裡私會。

以前丈夫也曾深夜才回家或在假日時照常上班，但是我都以為他

是為了善盡幹事的責任，所以我從不追問原因，知道他有外遇後，非常驚駭，真想甘脆將徵信社的調查報告書拿給丈夫看，和他攤牌算了，但一想到孩子現在正是成長的重要時期，對方又是有社會地位的人……，我該怎麼辦呢？丈夫是十月六日出生的O型。

A：丈夫終會回到妳的身邊，不妨裝著不知道的樣子

四十歲年齡層的男人正是想改變工作環境、生活方式，或期望刺激的時期。

工作不如意的人，會想趁這個時期換職業；生活安定有身份地位的人，則會想對女性燃燒熱情。

雖然對工作、生活、家庭都覺得很滿意，但似乎又有些地方不滿足，這即是四十歲年齡層的特徵之一。

此時若遇到能和自己發出共鳴的女性，則會非常入迷而迷失了自我，尤其O型「天秤座」的男性，會非常沈迷於戀情中，但卻沒

勇氣拋妻棄子。四十多歲男人的外遇並不如妳想像的快樂，他必須時常受惟恐被揭發及做錯事的自責與不安的折磨之苦。

總有一天他會回到妳的身邊，所以千萬不可輕舉妄動，不妨一面明確了解丈夫的動向，一面自然的讓他感覺到：「太太已知道我有外遇了。」

妳有二個優秀的子女，若到了緊要關頭，妳的立場較強，請保持自信心，一如平常的生活。

Q：時常酗酒的男友向我求婚，惟恐婚後……

我在餐廳工作，今年三十二歲，我不曉得該不該答應男朋友的求婚。

他今年二十七歲，是個建築工人，認識他的人都說他是很好的人，工作又很認真，唯一的缺點是太愛喝酒了，他大部分的薪水都成了買酒錢，他也曾到我家來喝過幾次酒，一喝就是深夜一、二點。

雖然他向我保證，結婚後一定會戒酒並認真工作，但是我仍不能完全信任他。或許是愛喝酒的緣故，據我過去與男性交往的經驗來看，他的性能力比他實際的年齡還弱，況且他又比我年輕五歲……。我是一月二十八日出生的O型；他是八月八日出生的B型。

A：婚後若能確立生活目標，即能奮發向上

美國曾經有位心理學家做了一項有趣的實驗：令一個人在喝酒前先做性格測驗；等待那人喝下相當的酒後，再令他做同樣的性格測驗。結果發現，相同的一人在喝酒前後性格相差很大。

由此可知，習慣酗酒的人都會有想改變生活現狀的願望——「我想成為這種性格的人」，未達成這種願望而仍繼續飲酒，並不是因為酒味好才喝酒，而是因為仍有喜歡喝酒的心理，所以才繼續喝酒。

平常態度認真的人，時常會藉酒來抒發內心的不滿或煩悶，假如你們婚後能確立生活目標，或許他能成為奮發向上、工作認真的人。

妳是「水瓶座」，他是「獅子座」，對「獅子座」的男性而言，「水瓶座」的女性是很可靠的。

所以年輕的他被妳吸引也是很自然的，美國暢銷書「投緣性占星術」的作者琳達·克特曼也曾經說過：「水瓶座與獅子座的組合，是二十一世紀型的配對。」

O型「水瓶座」的妳，若與B型「獅子座」的他結婚後，最好夫婦兩人一起出外工作，如此才會有圓滿的婚姻生活。

Q：嗜賭如命的丈夫經常到處借錢，卻無力償還，別人都勸我與他離婚……

我今年三十歲，七年前由於丈夫（三十四歲）的熱烈追求而與他結婚，雖然丈夫在婚前就很喜歡賭博了，但新婚時他都能自我控制，然而等孩子一出世後，即開始沈迷於賽馬與麻將，到處向朋友借錢，最後竟向高利貸借錢……，週而覆始從不止息。

丈夫已經換了三次工作，同時我也把孩子託給娘家照顧，自己到外面工作，當債主催還錢催得緊時，他就流著淚向我發誓說：「我一定要戒賭！」然而不消一盞茶的時間，他即把這些誓言全拋向九霄雲外去了，因此娘家常勸我：「和他離婚算了！」丈夫是AB型二月十日出生；我是O型一月二十一日出生。

A：讓丈夫負起維持家庭的責任，再給他一次機會吧！

嗜賭如命，甚至連高利貸的錢也借，這是身敗名裂的關頭。近

來這樣的夫婦愈來愈多，即使是股票賭博，也是有賺有賠。

素有股票之神之稱的某證券公司總經理，向客戶推銷股票時，必先注意客戶受到損失時會有何種反應，如果這名客戶蒙受損失時，即變得深沈、煩惱不已，即不再鼓勵他購買股票。

賭博也是一樣，當受了損失而能想得開的人，很少由於賭博而毀了一生。

AB型「水瓶座」的男性，性格上不適合賭博，這種型態的男性，性格較平靜溫和，待人親切有禮，時常能刺激丈夫一次機會。

雖然妳也在外辛苦的工作，但也不要太依賴娘家，應讓丈夫產生肩負起維持全家生計的責任感，使他毅然決然的戒掉賭博的惡習，而認真工作。

Q：醫生要我減肥，但是無法拒絕美食的誘惑

我是四十八歲的公司職員，去年身體健康檢查時，發現我有糖尿病，於是醫生要我減肥，我的身高是一六五公分，體重是七十二公斤，所以必須減輕七公斤，才是標準體格。

於是我馬上將食量減少一半，也不吃早餐，嚐試了多種減肥方法，但是最後都因為意志薄弱，不出二、三天我就忍受不了，同時我也常想：「哎呀！我不行了！」而變得更自暴自棄，酒也喝、食慾也大大的提高，體重反而激增，連妻子及讀高一的女兒也常勸我：「你這樣不行啊！」我是十一月二十三日出生的O型，請告訴我成功的減肥方法。

A：減肥雖然苦，但仍要逐漸節食

曾經有人說，吃能決定一個人的「運」，尤其是四十歲以上的人運氣好壞，時常是被食物所左右的。

O型的人大多是美食主義者，為了一嚐某一美味的食物，即使路途遙遠，他也會不辭辛勞的前往嚐試，O型的人同時也具有烹調才能，所以也時常被稱為是「廚師的血型」。

O型的人有時也會變成粗劣食物的愛好者，不論吃什麼都覺得很好吃，所以和O型的人在一起吃東西，食

慾也會大大的提高。

限制食量而減肥——不只是你，任何利用這種方法減肥的人都會感到痛苦，更何況美食主義者的你，當然會覺得更痛苦，不過為了你的身體健康，還是依照醫生的吩咐，耐心減肥較妥當。

若採用這也不能吃、那也不行吃的減肥法，是絕對不能持久，所以你應慢慢地減少食量，例如，平常一餐吃三碗飯，現在改為吃一碗飯；一餐吃二百公克的肉，現在改為一百公克。

假使覺得好像吃太多的日子，可以在自家附近散散步，以便耗費卡路里，慢慢建立起信心，培養堅強的意志，祝你減肥成功！

Q：結婚至今已半年，對嘮叨的妻子實在忍受不了！

今年二十七歲，薪水階級的我，結婚已半年了，愈來愈覺得我與妻子個性不合，為將來感到不安。

我與妻子是經朋友介紹認識的，彼此交往三個月後就結婚了。結婚前，只要我鞋帶鬆了或領帶歪了，她都會主動的幫我矯正，我一直以為她是個細心、適合家庭的女性。

但是，自從二人一起生活後，我覺得她簡直是個嘮叨不休令人討厭的人，早晚有沒有刷牙、科長是怎樣的人、午餐吃了些什麽、工作如何——總之，任何事都要問，與這樣性格的人一起生活，我覺得疲憊不堪。

妻子是A型七月九月日出生；我是O型四月十日出生。

A：充實性生活，不要怕麻煩多與她說話以脫離危機

夫妻危機的第一階段大多出現在新婚半年內，此時彼此的缺點、優點都顯露無遺，婚前所沒有發現的各種特徵全都出現了，於是開始引起彼此的不滿，尤其是互相得不到滿意的性生活，發覺並不如自己原先所期盼的夫妻生活，與性生活那樣美好，因此對方的缺點就更加突出了，甚至連對方的臉都不願多看一眼。

新婚半年內夫妻不合的原因，大多是對性生活不滿，如對方性不成熟、缺乏性魅力等都是不滿的原因，這種不滿大多會成為日後夫妻間發生裂痕的誘因，應盡早設法解決。

對於性的態度，A型的妻子較保守，而O型的你喜歡刺激、變化，只要你好好引導妻子，她也能成為充滿魅力的女性。一個好樂器，必須要有高技巧的演奏者彈奏，才能相得益彰，為了提升二人的夫妻生活，增進彼此的感情，你應設法來改善現況。

新婚妻子對新生活的一切都充滿了好奇，所以不要怕麻煩，你每天向她詳述當天所發生的事情，將來你想再說給她聽，恐怕她都懶得聽呢？「打鐵趁熱」請將妻子改變成你所喜愛的女人吧！

Q：姊夫一有不如意即出口大罵

我今年二十六歲（女），在自家開設的舶來品店幫忙，我有一個姊夫，平時做人不錯，不論在工作上或人格上都受到別人的肯定與信任，同時他也具有幽默感，使人樂於與他接近。

但是，姊夫對不服從他命令的人從不寬容，只要一不如意，不但對我，甚至連溫和敦厚的老丈人也敢破口大罵。

父母及我們二姊妹都是性情溫和的人，都認為家和萬事興，所以對他百般忍讓；姊夫心情好時，有時也會自我反省，但一生起氣來即不能克制，他是不是性格不正常？再這樣下去，我的父母不是非常可憐嗎？

姊夫是十二月十六日出生的O型。

A：請站在姊夫的立場來設想，大家共同積極的解決問題

人際間的糾紛往往是因自我中心作祟所引起的，你們家只有姊夫沒有血緣關係，或許他很想與周圍的人協調，但是結果時常被孤立，你們是否應該聽聽姊夫不滿或不安的心聲呢？

妳的姊夫，不但要照顧岳父、岳母及妻子，同時也要照顧二十六歲尚未結婚的妳，所以不得不加倍努力經營生意，如果他的性格異常，恐怕也是你們所造成的。

十二月十六日出生「射手座」的男性，現正處於精神低潮時期，可能心中藏有無法向人說出的煩惱；O型「射手座」的男性，通常都

很重視家庭，使自己的事業更加發展以興旺家族的慾望非常強烈。

站在姊夫的立場來解決問題，才能改變姊夫不好的性格；任何人都有優、缺點，只看缺點而責備對方，只能更扭曲彼此的關係，妳不妨多鼓勵姊夫，使他更有自信從事店內的工作，讓他好好享受快樂的夫妻生活！

Q：想使女兒的結婚對象繼承家業，但仍有些不放心

我今年五十四歲，經營頗具規模的雜貨店，我只有二個女兒，大女兒今年已二十二歲，目前在百貨公司工作；二女兒現讀高三。

前幾天，大女兒帶現在大三的男朋友回家，表示等那男孩子大學畢業後將與他結婚；那男孩子性格開朗、口才好，具有生意頭腦，若將來他們結婚後想讓他繼承店務，可是，我認為他有些輕浮、油腔滑調的，仍不能十分放心的將辛苦建立起的事業交給他。

然而，我也不能保證，將來二女兒會與我所中意的男孩子結婚，

現在為這件事情覺得很苦惱。

大女兒是O型，那個男孩好像是B型。

A：多發掘他的優點，O型與B型是完美的配對

對自己子女的親密朋友雞蛋裡挑骨頭，是全天下父母都可能犯的毛病。

對方即使是非常有才能的人，你也會想要挑出對方的缺點，這常是為人父母者的通病，更何況是對將來要繼承家業的男性，當然會不放心，假使他們倆人真正相愛，而女兒也敬愛父親的話，有一天一定會將你的心意及顧慮讓那個男孩子明瞭的。

現代的年輕人，愈來愈喜歡做個

輕鬆的上班族，而對複雜、傷神的生意經興趣缺缺，他如果願意將來接掌你的事業，即是對你女兒愛的表現與證明。

O型與B型性格上雖不盡相同，但是一旦二人性情相合，則會愈來愈親密，不要只注意對方的缺點，應該多發掘那個男孩子的優點；人際間的關係是很奇妙的，一旦發現對方的一個優點，即會連續不斷的發現他更多的優點。

沒有一〇〇%優秀的男性。

重要的是，不要忘記能不能使對方成為理想的女婿，完全在於父親的決定。

Q：為養子想與已有二個孩子的女人結婚而憂心忡忡

我是個六十歲的老婦人，丈夫於五年前去世，丟下我獨自一人經營文具店，由於膝下無子，一人孤單寂寞，於是收養妹妹的第三個兒子為養子。

雖然養子已三十三歲了，但是他從不隨便與女性來往，是個性情認真的人。前幾天，他帶了一名女性回來，表示想與她結婚；對方比他大二歲，離過婚已育有二個孩子，看來養子與她似乎很相愛，養子說：「如果您反對我們結婚的話，我要與家裡脫離關係！」

如果我允許他們結婚，他們就能圓滿幸福嗎？

我是三月六日出生的B型；養子是四月四日出生的O型；她是十月九日出生的O型。

A：老後不要完全依賴兒子，應自己找出生活的意義

近年來愈來愈多人擔心年老後無人可依靠，尤其是無子嗣的老人們，更是為此整天憂心忡忡。

妳的養子想與妳不喜歡的女性結婚，表示若遇阻撓則與妳脫離關係——因此妳為：「將來我要依靠誰？」而煩惱不已也是理所當然的。

我了解妳想有個喜歡的兒媳婦，生一群可愛孫子、孫女兒的期待心理。

三月六日出生「雙魚座」的女性，性情溫和而寂寞，與肯犧牲、富活力、自我為中心的「牡羊座」是完全相反的個性。

養子目前迷戀於十月九日出生的女性，對妳而言，可說是不太可靠的人。

同為O型的人，如果彼此發生了情愫，即能排除萬難相互結合，所以妳應重新檢討、改變人老後要依靠誰的想法，即使是真正的親子也時常無法融洽，妳何不甘脆先為妳自己打算，重新發現獨立生活的樂趣，妳不妨多參加團體活動或利用同學會、宗教

活動等機會多結交朋友。

Q：已六十歲了仍想做愛是否異常？

我今年六十歲（O型），妻子五十三歲（A型），我們二人身體都很健康。

妻子性格剛強，做任何事都非常有規律，把家裡打理得有條不紊，她唯一令我不滿的是，或許說起來我有點老不羞，我已有二、三年的時間沒有和妻子做愛了，期間有時候我強力要求她與我做愛，妻子則會像發瘋似的拒絕我，甚至搬到另外一個房間睡覺，晚上把房間門鎖上不讓我進去。

我沒有酒後亂性的惡習，對妻子也很寬容，但是妻子看不起我，令我感到慾求不滿，我已這麼年老了仍想做愛，是否有些異常？

A：性與年齡無關，你們可一起去旅行或到蜜月飯店度假

研究人類性行為的專家W．B．波姆勒依博士曾說：「性與年齡大小是無關係的，有時年紀愈大，性慾愈強，若能遇到健康有勁的對象，則也能享受不遜於年輕人的性快感。」

六十歲的你感覺慾求不滿，對性充滿期盼，是很正常的，一般女性多認為年老了仍想做愛，是一種異常行為，你的妻子恐怕也持有這種想法，而對你的要求感到厭煩，你不妨常出去旅行、或與好朋友聊天……，也讓你的太太產生慾求不滿的感覺。

有些老師或有身份地位的人，到了五十歲年齡層，因受不住性慾而發生猥褻行為，終於引發各種問題，即是對這種性慾求無法在夫妻間得到滿足而產生的。

有些上了年紀的人，為了解決性慾求，會花錢得到滿足，當然認真拘謹、內向的你，恐怕無法接受這種方式。

O型的男性喜歡刺激、冒險，年紀愈大，性的需求愈強，而A型正好相反，對性的態度反而愈來愈保守，這種差異也就是造成你的煩惱的主要原因，所以只有你單方面強迫要求，反而會有負面的影響，不如你們夫妻倆一同去旅行，或到蜜月飯店度假，以提升刺激，增進彼此感情。

Q：因失戀而草率嫁給不愛的男人，現在對他愈來愈反感

在公司上班時認識了A君，彼此來往約有一年的時間，我一直以為將來一定會與A君結婚，於是我們發生了超友誼關係，但是萬萬沒想到他竟甩掉我，與另一個女人結婚，我經不住打擊成天愁容滿面，偶然間有一位親戚來說親，於是我草率的嫁給了現在的丈夫，當然當初我覺得對方條件不錯，才與他結婚……。

但是，婚後我對他小癖好或動作，感到愈來愈反感，無法真心待他。他是A型二月十日生；我是O型八月四日生，今年二十三歲。

A：A—O的投緣性最高，不妨多增加二人獨處的時間

結婚的最初半年，可說是決定將來婚姻生活是否幸福的關鍵。

「對他的小癖好或小動作愈來愈反感」，似乎意味著你們二人中有某種因素橫阻了彼此的相合性。

莫名奇妙的對對方起反感，大多是二人性生活不調和所引起的。

妳是否在潛意識中，將從前與妳有肉體關係的A君，與現在的丈

夫相比較呢？

以前做愛的喜悅，無法在丈夫身上得到滿足，無意識中表現出拒絕反應，因此連無關緊要小癖好、小動作也引起妳的反感。

O型「獅子座」的妳，對性有旺盛的好奇心，對性的慾求也加倍強烈。

A型「水瓶座」的丈夫，較重視彼此精神上的滿足感或親密感，對於性方面則不太重視，同時他有將精力專注於工作的傾向。

依性格投緣性來看，O型與A型是理想的一對，如果二人能有共同的興趣或一起做運動，或許能逐漸親密。在性生活方面，如果妳能大膽、積極一點，丈夫可能會有令妳惻目的傑出表現。

Q：我以平常心與他交往，他卻強求我與他結婚

我今年二十六歲，目前在餐廳工作，三十七歲薪水階級的A君是我們店裡的常客，他很慷慨也很客氣，曾經約過我幾次。

A君個子很矮，有點禿頭，他曾經請我到高級餐廳吃飯，有時也送我舶來品……，因為我也沒有特定的男朋友，所以我都以平常心自然的與他來往。

但是，最近他不斷要求我與他結婚，甚至說：「如果妳不答應，那就把以前我花在妳身上的錢還來！」

或是用：「我要去找妳的父母談判！」來威脅我。

A君是B型九月二十三日出生；我是O型一月三日出生。

A：山羊座與處女座的人最合得來，結婚更好！

三十七歲仍是單身的男性，通常性格都較偏激，例如：認為不能完全信任女人、或存有強烈的自卑感，所以當他喜歡上某一位女性時，常會採取出乎意料的追求方式。

B型男性到了中年仍是單身漢的特別多，同時A君又屬「處女座」，所以有時相當純真，對感情很執著，他是一心一意的喜歡妳

，同時由於妳無意中表現出的溫柔態度，使他自以為「她喜歡我」，而O型的妳，有旺盛的服務精神，妳不只是對他，對任何人不都很溫柔親切嗎？

如果妳對他有好感，不妨考慮接受他的求婚，「山羊座」的妳與「處女座」的他在性格上非常合得來，他會一心一意的愛妳，至於外表的美醜，只要喜歡，醜男也會變成俊男，至於他對妳的威脅，他可能沒有實際行動的勇氣。

在你們交往的這段期間中，妳應多少了解他的性格、態度，若妳有「並不很討厭他」的想法，給妳一個建議：現在好好認真考慮妳的終身大事。

Q：六歲的兒子，脾氣暴躁，覺得很苦惱

我是三十五歲的家庭主婦，有個六歲大的兒子及讀小學二年級的女兒，女兒非常溫順、乖巧，但是兒子卻脾氣暴躁、舉止粗野，與姊姊吵架就撕破她的課本、打壞玩具，前幾天還用石頭打鄰居的小孩，使對方受傷。

幼稚園的老師也三番二次要我好好管束他，我覺得很苦惱，在家裡我是個嚴格的母親，但是丈夫卻很寵愛兒子，他要什麼丈夫都買給他，這種作法是否不好？今後我該如何教養兒子呢？兒子是O型七月十三日出生。

A：六歲正是感情起伏劇烈時期，請不要焦躁不安

兒童心理學權威凱茜兒曾說：「六歲的幼兒，正是表現有趣特

徵的時期。」有時猛烈反抗母親的意思；有時又與母親形影不離，非常乖巧。

六歲時感情變化激烈，時常主張自我，一有不如意即容易衝動，這種現象並不是因丈夫的寵愛而導致的，而是兒童成長過程中的自然現象，兒童不滿心理發洩的對象，通常是母親或他喜歡的人。兒子正常發育的重要關鍵，不是丈夫，而是兒子最愛的母親的態度。

「巨蟹座」的孩子特別依賴母親，獨佔母親的欲望很強。在兒子面前責備丈夫的態度，反而會使兒子的感情更扭曲，兒童時期令父母頭痛不已的孩子，長大後變成非常孝順父母的例子很多，所以請不要焦躁不安。

Q‥想與B型的他，共同從事我所憧憬的農業

我今年二十七歲目前在一家公司上班，我與長六歲的前夫一起在鄉下養殖豬、雞，栽培蔬菜等，後來豬、雞全罹患了傳染病，蔬菜也被烏鴉啄食而枯死，一公畝山林也受到松蚷蜥的侵害，丈夫病死，我流產，真是禍不單行……。

後來因以前買飼料的關係我進了現在的公司工作，雖然盡力配合環境，但是對農業仍不能忘情。最近與我交往的男性也是農家出生的，幾番向他表示若我們婚後，想再一次從事農業，但他都用不明確的態度說：「那樣好嗎？」

我很想讓他改變主意……。他是B型，我是O型。

A：恐怕B型的他，無法與妳共同實現妳的夢想，若是O型的男性就最理想不過了

人類無法抗拒的命運轉變，往往會改變一個人的一生。

雖然妳的命運坎坷，但妳絲毫不氣餒。對農業仍念念不忘的精神，真令人欽佩。

「喜悅與順利不可能一輩子伴著你，同樣的道理，不幸與悲哀也不會跟你一輩子，重要的是，你能不能忍受這短暫的痛楚，而人的價值即由此而定。」

以長遠的眼光來看前途，即是培養不屈服於不幸的能源，雖然妳對B型的他有好感，但是他無法對妳的工作產生共鳴，他不了解妳熱愛農業的心。

B型的人，有自己的工作理想，不喜歡受別人的支配。

若工作或人生觀不能一致，O型與B型的組合，可能會出現大危機，若強迫不喜歡農業的B型男性與妳一同從事農業，恐怕會帶來不幸，請妳三思而後行，靜待能與妳的夢想共鳴的O型男性出現。

大展出版社有限公司　圖書目錄

地址：台北市北投區11204
致遠一路二段12巷1號
郵撥： 0166955～1
電話：(02) 8236031
8236033
傳眞：(02) 8272069

•法律專欄連載•電腦編號58

台大法學院 法律學系／策劃
法律服務社／編著

①別讓您的權利睡著了[1]	180元
②別讓您的權利睡著了[2]	180元

•趣味心理講座•電腦編號15

①性格測驗1	探索男與女	淺野八郎著	140元
②性格測驗2	透視人心奧秘	淺野八郎著	140元
③性格測驗3	發現陌生的自己	淺野八郎著	140元
④性格測驗4	發現你的真面目	淺野八郎著	140元
⑤性格測驗5	讓你們吃驚	淺野八郎著	140元
⑥性格測驗6	洞穿心理盲點	淺野八郎著	140元
⑦性格測驗7	探索對方心理	淺野八郎著	140元
⑧性格測驗8	由吃認識自己	淺野八郎著	140元
⑨性格測驗9	戀愛知多少	淺野八郎著	140元

•婦 幼 天 地•電腦編號16

①八萬人減肥成果	黃靜香譯	150元
②三分鐘減肥體操	楊鴻儒譯	130元
③窈窕淑女美髮秘訣	柯素娥譯	130元
④使妳更迷人	成　玉譯	130元
⑤女性的更年期	官舒妍編譯	130元
⑥胎內育兒法	李玉瓊編譯	120元
⑦愛與學習	蕭京凌編譯	120元
⑧初次懷孕與生產	婦幼天地編譯組	180元
⑨初次育兒12個月	婦幼天地編譯組	180元
⑩斷乳食與幼兒食	婦幼天地編譯組	180元
⑪培養幼兒能力與性向	婦幼天地編譯組	180元
⑫培養幼兒創造力的玩具與遊戲	婦幼天地編譯組	180元

⑬幼兒的症狀與疾病	婦幼天地編譯組	180元
⑭腿部苗條健美法	婦幼天地編譯組	150元
⑮女性腰痛別忽視	婦幼天地編譯組	130元
⑯舒展身心體操術	李玉瓊編譯	130元
⑰三分鐘臉部體操	趙薇妮著	120元
⑱生動的笑容表情術	趙薇妮著	120元
⑲心曠神怡減肥法	川津祐介著	130元
⑳內衣使妳更美麗	陳玄茹譯	130元
㉑瑜伽美姿美容	黃靜香編著	150元

•青 春 天 地•電腦編號17

①A血型與星座	柯素娥編譯	120元
②B血型與星座	柯素娥編譯	120元
③O血型與星座	柯素娥編譯	120元
④AB血型與星座	柯素娥編譯	120元
⑤青春期性教室	呂貴嵐編譯	130元
⑥事半功倍讀書法	王毅希編譯	130元
⑦難解數學破題	宋釗宜編譯	130元
⑧速算解題技巧	宋釗宜編譯	130元
⑨小論文寫作秘訣	林顯茂編譯	120元
⑩視力恢復！超速讀術	江錦雲譯	130元
⑪中學生野外遊戲	熊谷康編著	120元
⑫恐怖極短篇	柯素娥編譯	130元
⑬恐怖夜話	小毛驢編譯	130元
⑭恐怖幽默短篇	小毛驢編譯	120元
⑮黑色幽默短篇	小毛驢編譯	120元
⑯靈異怪談	小毛驢編譯	130元
⑰錯覺遊戲	小毛驢編譯	130元
⑱整人遊戲	小毛驢編譯	120元
⑲有趣的超常識	柯素娥編譯	130元
⑳哦！原來如此	林慶旺編譯	130元
㉑趣味競賽100種	劉名揚編譯	120元
㉒數學謎題入門	宋釗宜編譯	150元
㉓數學謎題解析	宋釗宜編譯	150元
㉔透視男女心理	林慶旺編譯	120元
㉕少女情懷的自白	李桂蘭編譯	120元
㉖由兄弟姊妹看命運	李玉瓊編譯	130元
㉗趣味的科學魔術	林慶旺編譯	150元
㉘趣味的心理實驗室	李燕玲編譯	150元
㉙愛與性心理測驗	小毛驢編譯	130元

㉚刑案推理解謎	小毛驢編譯	130元
㉛偵探常識推理	小毛驢編譯	130元
㉜偵探常識解謎	小毛驢編譯	130元
㉝偵探推理遊戲	小毛驢編譯	130元
㉞趣味的超魔術	廖玉山編著	150元
㉟		

•健康天地•電腦編號18

①壓力的預防與治療	柯素娥編譯	130元
②超科學氣的魔力	柯素娥編譯	130元
③尿療法治病的神奇	中尾良一著	130元
④鐵證如山的尿療法奇蹟	廖玉山譯	120元
⑤一日斷食健康法	葉慈容編譯	120元
⑥胃部強健法	陳炳崑譯	120元
⑦癌症早期檢查法	廖松濤譯	130元
⑧老人痴呆症防止法	柯素娥編譯	130元
⑨松葉汁健康飲料	陳麗芬編譯	130元
⑩揉肚臍健康法	永井秋夫著	150元
⑪過勞死、猝死的預防	卓秀貞編譯	130元
⑫高血壓治療與飲食	藤山順豐著	150元
⑬老人看護指南	柯素娥編譯	150元
⑭美容外科淺談	楊啟宏著	150元
⑮美容外科新境界	楊啟宏著	150元

•實用心理學講座•電腦編號21

①拆穿欺騙伎倆	多湖輝著	140元
②創造好構想	多湖輝著	140元
③面對面心理術	多湖輝著	140元
④偽裝心理術	多湖輝著	140元
⑤透視人性弱點	多湖輝著	140元
⑥自我表現術	多湖輝著	150元
⑦不可思議的人性心理	多湖輝著	150元
⑧催眠術入門	多湖輝著	150元

•超現實心理講座•電腦編號22

①超意識覺醒法	詹蔚芬編譯	130元
②護摩秘法與人生	劉名揚編譯	130元
③秘法！超級仙術入門	陸　明譯	150元

④給地球人的訊息	柯素娥編著	150元
⑤密教的神通力	劉名揚編著	130元

・心靈雅集・電腦編號00

①禪言佛語看人生	松濤弘道著	150元
②禪密教的奧秘	葉逯謙譯	120元
③觀音大法力	田口日勝著	120元
④觀音法力的大功德	田口日勝著	120元
⑤達摩禪106智慧	劉華亭編譯	150元
⑥有趣的佛教研究	葉逯謙編譯	120元
⑦夢的開運法	蕭京凌譯	130元
⑧禪學智慧	柯素娥編譯	130元
⑨女性佛教入門	許俐萍譯	110元
⑩佛像小百科	心靈雅集編譯組	130元
⑪佛教小百科趣談	心靈雅集編譯組	120元
⑫佛教小百科漫談	心靈雅集編譯組	150元
⑬佛教知識小百科	心靈雅集編譯組	150元
⑭佛學名言智慧	松濤弘道著	180元
⑮釋迦名言智慧	松濤弘道著	180元
⑯活人禪	平田精耕著	120元
⑰坐禪入門	柯素娥編譯	120元
⑱現代禪悟	柯素娥編譯	130元
⑲道元禪師語錄	心靈雅集編譯組	130元
⑳佛學經典指南	心靈雅集編譯組	130元
㉑何謂「生」　阿含經	心靈雅集編譯組	130元
㉒一切皆空　般若心經	心靈雅集編譯組	130元
㉓超越迷惘　法句經	心靈雅集編譯組	130元
㉔開拓宇宙觀　華嚴經	心靈雅集編譯組	130元
㉕真實之道　法華經	心靈雅集編譯組	130元
㉖自由自在　涅槃經	心靈雅集編譯組	130元
㉗沈默的教示　維摩經	心靈雅集編譯組	130元
㉘開通心眼　佛語佛戒	心靈雅集編譯組	130元
㉙揭秘寶庫　密教經典	心靈雅集編譯組	130元
㉚坐禪與養生	廖松濤譯	110元
㉛釋尊十戒	柯素娥編譯	120元
㉜佛法與神通	劉欣如編著	120元
㉝悟（正法眼藏的世界）	柯素娥編譯	120元
㉞只管打坐	劉欣如編譯	120元
㉟喬答摩・佛陀傳	劉欣如編著	120元
㊱唐玄奘留學記	劉欣如編譯	120元

㊲佛教的人生觀	劉欣如編譯	110元
㊳無門關（上卷）	心靈雅集編譯組	150元
㊴無門關（下卷）	心靈雅集編譯組	150元
㊵業的思想	劉欣如編著	130元
㊶佛法難學嗎	劉欣如著	140元
㊷佛法實用嗎	劉欣如著	140元
㊸佛法殊勝嗎	劉欣如著	140元
㊹因果報應法則	李常傳編	140元
㊺佛教醫學的奧秘	劉欣如編著	150元

•經 營 管 理• 電腦編號01

◎創新經營六十六大計（精）	蔡弘文編	780元
①如何獲取生意情報	蘇燕謀譯	110元
②經濟常識問答	蘇燕謀譯	130元
③股票致富68秘訣	簡文祥譯	100元
④台灣商戰風雲錄	陳中雄著	120元
⑤推銷大王秘錄	原一平著	100元
⑥新創意・賺大錢	王家成譯	90元
⑦工廠管理新手法	琪　輝著	120元
⑧奇蹟推銷術	蘇燕謀譯	100元
⑨經營參謀	柯順隆譯	120元
⑩美國實業24小時	柯順隆譯	80元
⑪撼動人心的推銷法	原一平著	120元
⑫高竿經營法	蔡弘文編	120元
⑬如何掌握顧客	柯順隆譯	150元
⑭一等一賺錢策略	蔡弘文編	120元
⑮世界經濟戰爭	約翰・渥洛諾夫著	120元
⑯成功經營妙方	鐘文訓著	120元
⑰一流的管理	蔡弘文編	150元
⑱外國人看中韓經濟	劉華亭譯	150元
⑲企業不良幹部群相	琪輝編著	120元
⑳突破商場人際學	林振輝編著	90元
㉑無中生有術	琪輝編著	140元
㉒如何使女人打開錢包	林振輝編著	100元
㉓操縱上司術	邑井操著	90元
㉔小公司經營策略	王嘉誠著	100元
㉕成功的會議技巧	鐘文訓編譯	100元
㉖新時代老闆學	黃柏松編著	100元
㉗如何創造商場智囊團	林振輝編譯	150元
㉘十分鐘推銷術	林振輝編譯	120元

㉙五分鐘育才	黃柏松編譯	100元
㉚成功商場戰術	陸明編譯	100元
㉛商場談話技巧	劉華亭編譯	120元
㉜企業帝王學	鐘文訓譯	90元
㉝自我經濟學	廖松濤編譯	100元
㉞一流的經營	陶田生編著	120元
㉟女性職員管理術	王昭國編譯	120元
㊱ＩＢＭ的人事管理	鐘文訓編譯	150元
㊲現代電腦常識	王昭國編譯	150元
㊳電腦管理的危機	鐘文訓編譯	120元
㊴如何發揮廣告效果	王昭國編譯	150元
㊵最新管理技巧	王昭國編譯	150元
㊶一流推銷術	廖松濤編譯	120元
㊷包裝與促銷技巧	王昭國編譯	130元
㊸企業王國指揮塔	松下幸之助著	120元
㊹企業精銳兵團	松下幸之助著	120元
㊺企業人事管理	松下幸之助著	100元
㊻華僑經商致富術	廖松濤編譯	130元
㊼豐田式銷售技巧	廖松濤編譯	120元
㊽如何掌握銷售技巧	王昭國編著	130元
㊾一分鐘推銷員	廖松濤譯	90元
㊿洞燭機先的經營	鐘文訓編譯	150元
51ＩＢＭ成功商法	巴克・羅傑斯著	130元
52新世紀的服務業	鐘文訓編譯	100元
53成功的領導者	廖松濤編譯	120元
54女推銷員成功術	李玉瓊編譯	130元
55ＩＢＭ人才培育術	鐘文訓編譯	100元
56企業人自我突破法	黃琪輝編著	150元
57超級經理人	羅拔・海勒著	100元
58財富開發術	蔡弘文編著	130元
59成功的店舖設計	鐘文訓編著	150元
60靈巧者成功術	鐘文訓編譯	150元
61企管回春法	蔡弘文編著	130元
62小企業經營指南	鐘文訓編譯	100元
63商場致勝名言	鐘文訓編譯	150元
64迎接商業新時代	廖松濤編譯	100元
65透視日本企業管理	廖松濤　譯	100元
66新手股票投資入門	何朝乾　編	180元
67上揚股與下跌股	何朝乾編譯	150元
68股票速成學	何朝乾編譯	180元
69理財與股票投資策略	黃俊豪編著	180元

國家圖書館出版品預行編目資料

血型與你的一生 / 淺野八郎著 ; 詹寶珠譯. --
初版. -- 臺北市 : 大展, 民83
面 ; 公分. -- (趣味心理講座 ; 13)
譯自 : 血液型おもしろバンク
ISBN 957-557-449-4(平裝)

1. 血型

293.6　　83004506

原書名：血液型おもしろバンク
原出版社：日東書院
授權者：淺野八郎

血型與你的一生　ISBN 957-557-449-4

原著者／淺野八郎
編譯者／詹寶珠
發行人／蔡森明
出版者／大展出版社有限公司
社址／台北市北投區（石牌）致遠一路二段12巷1號
電話／(02) 8236031・8236033
傳真／(02) 8272069
郵政劃撥／0166955－1
登記證／局版臺業字第2171號
承印者／國順圖書印刷公司
裝訂／嶸興裝訂有限公司
排版者／千兵企業有限公司
初版／1994年（民83年）3月
2刷／1996年（民85年）6月
3刷／1997年（民86年）2月
定價／160元

大展好書 好書大展

大展好書 好書大展